민주주의 그 너머

우리의 정치 미래를 상상하다

지지 파파차리시
Zizi Papacharissi

뜰Book

민주주의 그 너머

2022년 3월 1일 초판 1쇄 펴냄

펴낸곳 ㈜꿈소담이
펴낸이 이준하
글 지지 파파차리시 (Zizi Papacharissi)
옮김 이상원
책임편집 오민규

주소 (우)02880 서울특별시 성북구 성북로5길 12 소담빌딩 302호
전화 02-747-8970
팩스 02-747-3238
등록번호 제6-473호(2002. 9. 3)
홈페이지 www.dreamsodam.co.kr
북카페 cafe.naver.com/sodambooks
전자우편 isodam@dreamsodam.co.kr

ISBN 979-11-91134-14-8 03300

민주주의
그 너머

목차

세상의 낯선 이들과 시민들에게,

나와 대화했던 이들에게 바친다.

머리말

생각하라. 거꾸로 보라. 높은 곳과 낮은 곳을 모두 훑어라.

알고 있는 것을 잊어라.

믿고 있는 것을 다시 생각하라.

들어라, 배우기 위해.

다시 상상하라.

오랫동안 민주주의는 이상적 통치 체제로 여겨져 왔다. 그런데 만약 그런 것이 아니라면 어떠할까? 아마도 민주주의는 최종 목적지라기보다 어떤 더 나은 상태로 가기 위한 전환 단계라고 해야 할 것이다. 민주주의가 존재하지 않는 곳에 그것을 수립하려는 혁명을 위해 우리는 환호와 지지를 보내고 생명을 희생해왔다. 하지만 변화는 점진적으로 이루어지며, 혁명은 장구한 과정이다. 혁명이 의미를 획득하려면 긴 시간이 흘러야만 한다. 게다가 아무리 고귀한 혁명이라 하더라도 그것은 왕왕 길을 벗어나 민주주의가 아닌 방향으로 빗나가기도 한다. 만약 민주주의가 이상적 상태나 최종 목적지가 아니라면 어떠할까? 저 멀리 무언가 더 나은 것이 존재하고, 그리로 통하는 오래 감춰진 길이 기술의 도움으로 모습을 드러낸다면 어떠할까?

우리는 민주주의를 다양한 형태로 되풀이해왔다. 각각의 형태마다 우리는 올바른 민주주의를 얻어냈다고 믿었다. 자산가에게 투표할 수 있는 특권을 주었을 때도, 선거 과정에서 여성을 배제했을 때도, 피부색을 이유로 수많은 사람들을 투표하지 못하게 했을 때도 우리는 천연덕스럽게 그런 것이 민주주의라 여겼다. 우리는 우리의 통치 체제 하에서 수많은 과정을 밟으며 평등을 진전시켜왔지만, 아직 완벽한 형태에 도달하지 못했으며 어쩌면 영원히 그러하지 못할 것이다. 우리가 민주적이라 불렀던 과거의 수많은 정부들이 이제와 돌이켜볼 때 민주주의가 아니었다는 점을 기억하자. 손만 뻗으면 닿을 것 같았던 민주주의는 영원히 우리의 시선 바깥에 존재한다는 것을 늘 느껴왔던 것이다.

민주주의는 우리 시민들이 걸어가는 여정의 종착점이 아니다. 기술은 우리를 더 먼 곳으로 보내줄 수 있다. 이것이야말로 이 책의 전제이다. 즉, 이 책은 민주주의에 대해서뿐만 아니라 민주주의 너머에 대해 생각하며, 이 모든 상황에서 기술이 담당할 다양한 역할을 그려보고자 한다.

이러한 과업을 수행해 나가는 데에는 여러 가지 방법이 있다. 나의 목표는 민주주의 너머로 우리를 자연스레 데려다 줄 희망의 경로를 추적하는 것이었다. 그리하여 나는 세계를 여행하며 낯선 이들과 대화를 나누기로 결심했다. 나는 20년 이상 민주주의와 기술에 대해 공부한 사회과학도이다. 다양한 연구 방법론을 활용하여 나는 우리를 하나로 묶고, 우리에게 정체성을 부여하며 나아가 잠재적으로는 우리를 분리시키기도 하는 이야기들을 우리가 풀어놓을 때 기술이 어떤 도움을 주는지에 대해 내가 조사한 결과들을 듣고 공부하며 타인들과 공유해왔다. 이러한 프로젝트를 위해 나는 존재하지 않는 무언가를 상상해 달라고 사람들에게 부탁했다. 민주주의의 미래 상태에 대해, 기술을 통해 그곳에 가닿을 방법에 대해 생각해 달라고 말이다. 이것은 우리가 일상적으로 하는 생각도 아니고 즉흥적으로 쉽게 대답할 수 있는 질문도 아니다. 그래서 나는 민주주의, 시민권, 미래의 세상에 대해 격의 없는 대화를 나누는 식으로 진행하는 게 좋겠다고 판단했다. 나는 가보고 싶은 나라 백 곳이 포함된 야심찬 계획을 짰다. 시카고 일리노이 대학교 평가단에 연구 계획서를 제출해 승인받았다. 여행 일정을 잡고 있을 때 평가단 구성원 중 한 명이 내연구 계획이 무모하고 광범위하다고, 대상 국가를 조금 더 선별하는 게 좋겠다고 조언해주었다. 그리하여 나는 격동기와 평화기를 모두 보낸 국가, 민주주의 체제였다가 아니기도 했던 국가, 민주주의가 승리했다가 실패하기도 했던 국가 중심으로 선별하는 작업을 거쳤다. 결국 예상했던 대로의 마라톤 여행은 아니게 되었지만 충분히 흥미로운 여정을 얻게 되었다. 어느 국가가 선정되었는지는 1장에서 설명하겠다.

택시를 타고 가다 기사와 함께 시정(市政)에 관한 대화에 흠뻑 빠져본 적이 있는가? 식료품 가게 계산원과 시민의 지혜에 대해 몇 마디 말을 나누고 가슴 벅찼던 적은? 기차나 비행기 옆 좌석 승객과 정치 관련 농담을 되는 대로 주고받았던 적은? 세계를 돌아다니며 낯선 이들을 접촉하거나 소개를 받으면서 내가 재현해보고자 했던 것이 바로 이러한 상황이었다. 대개의 경우 그들은 대화에 건성건성 응한 뒤 내게 뭐하는 사람인지 묻곤 하고, 나는 소셜 미디어와 정치학을 공부하고 있다고 대답한다. 그러면 어김없이 후속 질문이 이어지는데, 그때 나는 내가 연구하고 있는 것을 설명해주곤 한다. 나는 친구나 동료의 도움을 받았고, 나 자신의 네트워크를 활용했으며, 이미 인터뷰했던 사람들을 포함한 모두에게 나와의 대화에 흥미를 느낄만한 다른 사람들을 소개해달라고 부탁했다. 나는 나와 이질적인 사람들을 만날 수 있는 장소들을 물색했으며 그에 따라 학계 바깥에서 작업할 수 있었다. 처음 나누는 대화를 통해서도 상대방의 정치 이념을 파악할 수 있는 눈을 길렀고 그에 따라 대화 상대를 다양하게 가져갈 수 있었다. 나는 일상적으로 부딪히는 부류들과는 다른 부류들 속으로 들어가 그 사람들에 접근하고, 관계를 형성하였으며, 또한 다른 사람들 소개를 부탁하였다. 순서 없이 되는 대로 이루어졌지만 전략적이기도 했던 이 경로를 통해 나는 새로운 이들과 만날 수 있었다. 일단 대화 상대가 인터뷰를 허락하면 나는 늘 똑같은 세 가지 질문을 던졌고 그 질문 패턴은 한번도 바뀌지 않았다. 그 질문은 다음과 같다. 민주주의란 무엇입니까? 시민권이란 무엇인가요? 더 나은 민주주의를 어떻게 만들 수 있을까요?

이렇게 하여 나는 백 건의 인터뷰를 진행하였다. 때때로 나는 나와 다른 주변 사람들에게 나 대신 인터뷰를 진행해달라고 부탁하기도 했는데, 그럴 경우 편차를 없애기 위해 사전 교육을 했다. 친구, 동료, 학생들이 나를 도와주었다.

나는 독일어, 그리스어, 그리고 약간의 스페인어를 구사하므로 대부분의 인터뷰를 혼자 수행했고 통역사를 채용한 것은 몇 건 되지 않았다. 인터뷰 끝자락에서 나는 상대방에게 정보 제공원으로서 어떻게 불리기를 원하는지 물어본다. 어떤 이들은 내가 제시한 가명을 써달라고 했지만 대부분은 실명 사용을 허락했다. 드물게 익명을 요구한 이들이 있긴 했다. 마지막으로 내 연락처를 주고 책이 나오면 연락하겠다고 하면 매번 똑같은 질문이 나왔다. "다른 사람들은 뭐라고 하던가요? 제가 말한 것과 비슷한가요 아님 다른가요?" 내가 "같은 말들을 했답니다. 다만 표현이 달랐지요."라고 대답하면 다들 놀라워했다. 난민 캠프의 사람들, 그리고 리비아, 아프가니스탄, 파키스탄, 시리아, 이집트 국민들은 민주주의와 시민권에 대한 자신의 응답이 영국, 독일, 미국인의 그것과 아주 비슷하다는 데 흥미진진해 했다. 영국, 캐나다, 그리스, 멕시코, 브라질에서 만난 인터뷰 대상자들도 자신의 대답이 중국이나 러시아 사람들과 개념적으로 흡사하다고 하면 깜짝 놀랐다. 그건 나도 마찬가지였다.

민주주의와 시민권에 대한 생각에는 세계적으로 큰 괴리가 있을 것이라는 게 내 예상이었다. 특히 민주주의에서 무엇이 잘못되어 있는지에 대한 생각이 국가별로 크게 차이나리라 생각했다. 그 잘못된 점에 대한 생각을 바탕으로 '올바른' 민주주의의 모습을 그려나가겠다는 것이 애초의 기대였다. 우리가 열망하는 것이 무엇이고, 이상적 민주주의를 상상할 때 우리가 생각하는 것은 무엇이며, 만일 그것이 민주주의가 아니라면 그 이후에 놓이는 것은 무엇인지를 가늠해보는 것이 나의 궁극적 목표였다. 하지만 거대한 괴리는 없었다. 괴리가 있을 것이라는 예상은 실상 일부러 지어낸 것인지도 몰랐다.

물론 사람들은 자신의 생각을 전달할 때 서로 다른 언어 속에서 서로 다른 단어를 사용하였는데, 언어라는 것은 특유의 뉘앙스를 가지는 법이다. 예를 들어 독일어에서 시민권에 해당하는 단어는 Staatsbürgerschaft 혹은

Staatsangehörigkeit이다. 이들은 단어끼리 합성하여 만들어진 것으로서 국가나 나라를 뜻하는 Staats에 시민(bürgerschaft)이나 친족(angehörigkeit)이 결합된 형태이다. 따라서 내가 독일에서 시민권이 무슨 뜻이냐고 물었을 때 내가 들은 대답의 첫머리는 혈통과 연관되었거나 독일 거주자와 연관된 것이었다. 하지만 시민권을 특징짓는 요소 쪽으로 대화가 진척되면 거의 모든 대답은 공통된 주제로 수렴되곤 했다.

민주주의란 무엇인가라는 첫 번째 질문에 대해 사람들이 나와 얘기를 나누는 과정에는 어떤 공통된 흐름이 나타났다. 그것이 무엇일까에 대해서는 2장에서 구체적으로 설명하겠다. 사람들은 우선 침묵에 빠져 한참 동안 입을 열지 않았다는 점에서 차이가 나기보다 유사했다. 이 질문을 마주한 사람들은 말을 하고 싶어 했지만 어떻게 말해야 할지 몰랐다. 여기서 내가 얻어낸 첫 주제는 침묵이었다. 침묵에 이어 민주주의에 대한 익숙한 정의가 등장했고 그 정의의 모호성이 지적되었다. 익숙함과 모호함은 민주주의가 어떤 형태여야 하는지 사람들이 명확히 이해하고 있다는 점, 하지만 그 형태가 존재하지 않음을 분명하게 느낀다는 점을 보여주었다. 민주주의 정의에서 세 번째로 등장한 공통 주제는 평등이었다. 대부분은 평등이 복잡한 개념이고 선거권의 기본이 되지만 선거권에 그쳐서는 안 된다고 곧바로 지적했다. 다음으로는 자연스럽게 네 번째 주제인 발언권이 다뤄졌으며, 발언권과 평등은 현대 민주주의에서 성취하기 어려울 것이라는 회의론이 다섯 번째 주제로 등장했다. 그러니까 민주주의를 정의하려는 대화는 침묵에서 익숙함과 모호함을 거쳐 평등, 발언권, 회의론으로 흘러갔다고 할 수 있다.

이어 나는 시민권이란 무엇을 의미하는가라는 질문을 던졌고, 고결함과 비가시성이라는 두 가지 주제가 도드라지게 솟아났다. 나와 대화했던 이들의 시민적 꿈과 환멸에 대해서는 3장에서 자세히 다루었다. 일단 여기서는 고결함, 성실함, 헌신이라는 표현을 통해 민주주의에 공헌하고자 했던 그들의 깊디깊은 열망이 드러났다는 점만 밝혀두겠다. 그들은 최선의 노력을 기울였음에도 불구하고 너무도 자주 간과되고, 묵살되며 무시당하는 일을 겪어왔다. 그들과의 대화를 통해 나는 기술이 이러한 우려를 어떻게 해소할 수 있을지 고민하게 되었다. 비록 그들이 기술에 대해 언급하는 경우는 눈 씻고 봐도 거의 없었지만 말이다. 그들은 미디어를 통해 퍼지는 거짓정보나 선전 공세에 대해 얘기할 때에도 그 원인이 특정 이해관계자나 기업, 정치인들에게 있다고 말할 뿐 미디어 자체는 문제 삼지 않았다.

마지막으로 나는 무엇이 민주주의를 더 낫게 만들 것인지에 대해 물었다. 대화 상대자들은 내가 나중에 무엇을 할 것인지 알고 있었다. 민주주의에 대해, 그리고 그것을 더 낫게 만드는 것이 무엇인지에 대해 책을 쓸 것이라 이미 설명했고 함께 미래를 상상해달라고 부탁했기 때문이다. 대부분의 사람들은 민주주의의 적폐들, 이를테면 포퓰리즘, 부패, 지도자 교육 부재 같은 문제를 해결하면 민주주의가 나아질 것이라 대답했다. 이 문제들은 4장에서 곱씹어 볼 핵심 주제들이다. 너무나 뻔한 주제들처럼 보이긴 하지만 그것들을 언급할 때 사람들이 드러낸 냉소, 통찰, 명료성은 깊이 생각해볼 가치가 있다.

다음으로 나는 사람들과의 대화를 더듬어보며 우리가 무엇을 개선할 수 있는지에 대한 그들의 구체적인 제안들을 추려냈으며 겹치는 내용들은 일목요연하게 정리했다. 또한 민주주의가 정말로 작동한다고 느낀 때가 언제였는지, 시민으로서 충족감을 경험한 사례는 어떤 경우였는지에 대해서도 기록했다. 사람들이 제기한 문제들을 떠올리며 어떻게 해야 그것을 해소할 수 있는지에 대해 고민하기도 했다. 해결책이 쓰였을 법한 책을 찾아 읽으며 그것과 씨름하느라 시간을 보내기도 했다. 마침내 나는 앞으로 전진할 수 있는 열 개의 통로를 생각해낼 수 있었다. 그것은 다음과 같다. 부드러운 자본주의와 강력한 민주주의를 주장하기, 미시적(micro-) 통치 형태를 더 많이 실행하기, 시민의 책무를 다하지 못하는 경우를 계량화하기, 정부를 위해 장단기 정책 목표의 윤곽을 그려보기, 선거 이외의, 나아가 선거를 넘어서는 시민 참여 모델을 도입하기, 모든 정치인들에 대한 시민 교육을 요구하기, 포퓰리즘을 부추기지 않는 미디어를 고안하고 메시아를 찾지 않게끔 우리 자신을 훈련시키기, 뉴스 매체와 헤드라인이 주목경제를 넘어설 수 있게끔 기발한 책략을 배우기, 시민을 이어주는 연결선으로서의 저널리즘을 재창조하기, 그리고 마지막으로, 우리 스스로 변화를 주도하는 시민적 주체가 되기.

나는 이 해결책들이 동시에 실행되어야만 그것들이 함께 작용하면서 효과를 낼 것이라 생각한다. 변화 과정은 점진적이고 더딜 것이며 이따금 우리를 실족하게끔 만들어 고통을 주기도 할 것이다. 우리는 이것을 성장통이라 생각하자. 왜냐하면 우리는 다음 단계인 트랜스휴먼 민주주의 형태로 진일보하고 있기 때문이다. 기술은 우리의 시민적 삶의 모든 갈피마다 스며드는 방식으로 더욱더 흔해질 것이다. 기술에 의해 우리의 능력은 한층 증대되고, 생활방식은 계속 진화하여 한계를 모르는 삶이 일상화될 것인데 이를 바탕으로 우리에게 익숙한 안전 보장 체계가 구축될 것이다. 오늘날 우리가 사용하는 모든 플랫폼들은 몇 년 안에 구닥다리가 될 것이며, 눈치 챌 겨를 없이 우리의 일상으로 파고든 기술로 대체될 것이다. 우리는 트랜스휴먼이 될 것이다. 트랜스휴먼이 무엇을 뜻하는지 정의할 수 있다면 그것을 두려워해서는 안 된다. 이것이 내가 할 수 있는 최대의 예측이다. 나는 코로나19 팬데믹이 지구의 일부 지역에서 고개를 들기 시작할 무렵 이 작업을 끝마쳤다. 팬데믹 기간 동안 세계가 직면한 상황은 나의 결론을 한층 더 강화해준다. 우리에게는 미래를 예측할 방법이 없다. 그럼에도 발언권, 공정함, 문해력, 교육은 여전히 중요하다. 변화하려면 우리 자신의 과오부터 알아야 한다. 그리고 생존하기 위해서라면 변화를 선택할 수밖에 없는 경우가 있다. 우리에게는 다음에 무슨 일이 일어날지 알 수 있는 방법이 없다. 미래는 불확실하고 민주주의의 자연스러운 변화를 피해갈 방법은 없다. 우리가 아는 것은 민주적이기 위해서는 우선 인간이 되어야 한다는 것뿐이다. 그리고 트랜스휴먼이 되기 위해서는 우리 스스로를 변화에 맡겨야 한다는 것이다. 우리와 함께 민주주의가 진화하도록 해야 하는 것이다.

우리는 변화하고 기술도 그러하다. 그럼에도 우리는 과거의 민주주의 모습들에 매달린다. 잠에서 깨어난 후 악착 같이 꿈을 기억해내려는 것처럼 말이다. 오래 전에 사라진 구식 민주주의에 머물러 있어야만 참다운 민주주의를 복구할 수 있으리라 믿는다. 과거의 시민적 규범을 통해 현재의 문제들을 해결할 수 있으리라 여긴다. 하지만 우리는 현재 시대를 위해 설계되었으면서도 미래 시대에 붙박이로 고정할 수 있는 유연한 민주주의를 창조해야 한다. 그럼에도 우리는 시대에 맞지 않는 민주주의 모델을 여전히 사용하고 있는데, 이것은 마치 십대 때 입던 옷에 몸을 맞추려 애쓰는 꼴처럼 보인다. 이제 어른이 되자. 시민 어른 말이다. 우리에게 맞는 민주주의를 찾아내자. 삶은 고정되어 있지 않다. 민주주의도 그렇다.

감사의 글

이 책에 대한 착상은 기술과 정치에 대해 내가 연구한 것들을 여기저기 여행하며 초청연설, 기조강연, 전체 토론 따위를 하는 가운데 나왔다. 초청해준 이들과 대화할 때, 동행자들과 돌아다닐 때, 혹은 단순히 친구들과 만날 때 대화의 주제는 늘 민주주의로 귀결되었다. 따라서 내게 아낌없이 시간을 내어 생각을 나눠준 친구들, 지인들, 우연히 만났던 이들에게 먼저 감사인사를 드려야겠다. 그들의 격려에 힘입어 나는 전 세계를 돌아다니며 사람들과 민주주의에 대해 이야기할 수 있었다.

다음으로 지구 어느 곳에서든 나의 인터뷰에 응해준 분들께 고마움을 전한다. 난민 센터, 택시, 공원, 카페 등 공적이거나 사적인 공간 혹은 이도저도 아닌 공간에서 만난 분들이다. 다들 진지했고 사려 깊었으며 기꺼이 시간을 내주었다. 그분들의 솔직함과 통찰력에 감사를 드리며, 그것을 접할 수 있어서

18

나는 영광스럽기도 하고 겸손해지기도 한다. 책이란 것은 다른 데서 얻은 아이디어만큼만 강해질 수 있을 뿐이다. 그분들이 보여준 독특하고 독창적이며 지극히 개인적인 견해에 감사한다. 그분들의 열린 마음과 상상력에 고개를 숙인다.

내가 전 지구적 연결망을 확장하고 그에 따라 대륙 간 대화의 장을 키워나가도록 도와준 친구들, 동료들, 지인들에게 큰 빚을 졌다. 어린 시절의 친구 올가에게 특별히 고마움을 전하고 싶다. 그는 나를 난민과 연결시켜주는 데 중요한 역할을 했으며 그 덕에 나는 난민 네트워크와 일정한 관계를 맺게 되었다. 마리아 데 파티마 올리베이라(Maria de Fatima Oliveira)는 내가 브라질에서 인터뷰를 진행하는 데 도움을 주면서 늘 나의 일을 열성적으로 지지해 주었다. 그녀의 친절한 마음에 감사를 드리며, 그녀가 보여준 명석함에 깊이 탄복한다. 미국과 캐나다에서 인터뷰를 완수할 수 있도록 도와준 채드 밴 데 윌(Chad Van De Wiele)과 제이미 포스터 캠벨(Jamie Foster Campbell)에게도 고마움을 전하고 싶다. 독일에서 균형을 맞춘 응답자를 대상으로 인터뷰를 완수하는 데 도와준 페이지 깁슨(Paige Gibson)에게 감사한다. 연구비는 일리노이 대학교의 지원 기금에서 나왔다. 일리노이 대학 시스템에 감사하고 늘 지지하고 격려해준 나의 모교 시카고 대학에도 감사한다.

그 누구보다 감사하고 싶은 대상은 꾸준히 영감의 원천이 되어 주는 나의 학생들이다. 내가 살아있음을 가장 잘 느끼게 해주는 곳, 가르치러 들어갔다가 오히려 나 자신이 계속 배우게 되고, 상상력을 펼치게 되며, 내가 누구인지 다시 생각하게 되는 곳, 그곳이 바로 강의실이다.

마지막으로 스텔라, 나의 어머니께 감사의 마음을 올린다. 어머니는 나를 독립적 사고의 소유자로, 강인한 여성으로, 자립적인 인간으로, 남의 말을 귀담아 들을 줄 아는 사람으로 키워주셨으며, 무엇보다 내가 달라지도록 격려해주신 분이다. 어린 시절 학교 친구들이 모두 신고 다니는 운동화를 사달라고 졸랐던 기억이 난다. 그때 어머니는 "도대체 너는 왜 딴 애들과 똑같아지려고 하는 거니?"라고 응수하셨다. 이 책은 타인과 똑같아지지 않으려는 것에 대한 책이다. 다시 말해 이 책은 사람들의 이야기에 귀를 기울이는 책이다. 귀담아 듣다 보면 사람들이 타인과 어떻게 달라졌는지, 그러면서도 모두가 어떻게 연결되는지를 이해하게 될 것이다.

민주주의 그 너머

1장. 만약 이렇다면?

가을이다. 나는 멕시코시티에 있다. 날씨는 온화하고 바람이 살랑거리지만 내가 탄 택시가 이른 아침의 교통 정체에 갇히게 되자 조금씩 더워진다. 운전 기사는 레버를 돌려 차창을 내리고 긴 한숨을 내뱉으며 불편을 겪게 해서 죄송하다고 사과한다. 나는 괜찮다고 말한다. 그리스에서 자라나 지금은 시카고에 살고 있으며, 여행을 많이 해 봐서 교통 정체를 이해하고 있다고, 지금 급하게 가야 하는 것도 아니라고 나는 말을 잇는다. 이 우연한 대화가 스페인어와 영어를 섞어 쓰며 조금씩 무르익어가는 중 운전기사인 루이스는 교통 정체를 멕시코가 당면한 수많은 현안들과 연결시킨다. 그가 말하길, 부패가 가장 큰 문제라는 것이다. "이건 민주주의가 아니에요." 빨간 신호등이 켜지자 그가 말한다. 극소수의 사람만이 권력에 다가서거나 공직을 차지할 수 있다고 설명한다. "그 사람들은 자기가 왕이라 생각하죠. 얼굴이 바뀌어도 행동은 똑같아요."

겨울이다. 나는 베이징에 있다. 쓰촨성 출신의 여행 안내인 개리와 함께 리탄 공원을 걷는 중이다. 개리는 내 오른편의 나무들이 5백년 된 것이라 설명한다. 벤치, 인도교, 정원을 가로지르는 기다란 통로에 사람들이 모여 있다. 그들은 카드게임에 몰두해 있고, 몇몇은 게임의 극적인 절정에 오르고 있으며 모든 이들은 즉석 대화들을 나누고 있다. 개리의 설명에 따르면 그들은 대부분 은퇴자들이라 한다. 혹심한 추위에도 불구하고 그들은 이 공원의 모임을 즐긴다는 것이다. 개리는 재기 넘치는 밝은 청년으로 공원에 대해, 베이징 시에 대해, 자기 삶에 대해 이야기해준다. 내가 어떤 질문을 던져도 재치있게 금방 대답하던 그 청년은 민주주의에 대해 설명해 달라고 하자 입을 꾹 다문다. 침묵의 시간이 어느 정도 흐른 뒤 그가 마침내 대답한다. "설명 못 하겠어요."

봄이다. 하지만 봄다운 느낌은 없다. 나는 러시아의 상트페테르부르크에 있다. 네바 강을 따라 얼음덩어리가 흘러가고 도시는 햇빛에 반응하기 시작하며 그 햇살은 내가 탄 자동차 차창으로 스며들고 있다. 매섭게 춥지만 햇빛은 밝게 반짝거린다. 그리스에서는 이런 날씨를 '이빨 난 태양'이라 부른다고 나는 동행인 발레리아에게 말해준다. 발레리아는 벨라루스에서 온 사진기자이다. 네프스키 거리를 오르내리며 몇 시간 동안이나 사진을 찍고 난 뒤였다. "보도 위에 누가 기타를 버렸네." 발레리아가 중얼거리며 사진을 찍는다. 그녀가 사진을 찍은 후 한 남자가 다가가 그 기타를 집어들고 가자, 그녀는 이번엔 기타 들고 가는 남자 사진을 다시 찍는다. "저 남자 기타일까요?" 내가 물으니 "아닐 거예요, 내가 사진 찍는 걸 보고 뭔가 값나가는 물건이라 생각했나 봐요."라고 대답한다. 발레리아는 동네를 돌아다니며 일상의 습관과 작은 사건들을 기록하는 일에 대해 설명한다. 기자로서 발레리아는 낙후된 지역의 주민들과 인터뷰를 하기도 한다. 그녀는 주민들이 자신의 공동체를 어떻게 보살피려 하는지를 설명하고서는, "주민들의 꿈은 소박하다는 걸 알았어요, 하루의 일을 완벽하게 해내고 싶다는 거, 그게 다예요." 하고 말한다. 나는 리처드 세넷(Richard Sennett)의 『장인(The Craftsman)』에 나온 '한 가지를 하되 그 자체를 위해 그걸 잘 해내는 것'이라는 구절을 떠올린다.[1] 내가 이 구절을 곱씹고 있을 때 발레리아는 내 마음을 읽기라도 하듯 "저한테는 그게 훌륭한 시민의 모습이에요."라고 말한다.

아직 봄이지만 여름처럼 느껴진다. 나는 그리스 테살로니키의 산책로를 크리스티나와 함께 걷고 있다. 알렉산더 대왕 동상 주변을 공연장으로 삼은 롤러스케이트와 산악자전거들의 묘기를 구경하려고 걸음을 멈춘다. 그리스라는 나라 자체가 그렇지만 이 풍경에도 과거와 현재가 뒤섞인다. 크리스티나는 지역 식품 회사의 수출 담당팀장이다. 에콰도르의 키토에서 자라 워싱턴에서 공부했고 이탈리아를 거쳐 그리스로 이주했다. "민주주의는 우리가 원하는 거라면 어떤 모습이라도 띨 수 있어요. 우리가 만들기에 따라 우리를 억압할 수도, 북돋아줄 수도 있는 거죠."

옳은 말이다. 우리는 민주주의가 통치의 최고 형태라고 수백 년 동안 여겨 왔다. 민주주의를 정착시키기 위한 혁명을 지지했고 민주주의를 뒤엎으려는 정권에 저항했다. 혁명이 민주주의를 향해 가질 않고 오히려 멀어지면 낙담해 왔다. 앞에 제시한 몇몇 에피소드에서 보였듯이 나는 사람들에게 민주주의가 무엇인지 물었고 불평이나 향수어린 말을 듣곤 했지만 특정한 정의는 얻지 못했다. 우리는 다양한 모습의 정부를 민주주의라 부른다. 자산가, 남성, 백인에게 투표할 수 있는 특권을 부여했을 때도 우리는 여전히 민주주의를 주장했다. 우리는 지금의 통치 체제에서 평등을 진전시키는 데 많은 성과를 거두기는 했지만 완벽과는 한참 거리가 멀다. 기술에 기대면 대중의 의사에 따른 통치에 더 가까워질 수 있을까? 아니면 더 멀어지는 것일까?

민주주의는 규모가 작은 사회에 잘 들어맞는다. 애초에 그런 사회에서 탄생한 것이다. 고대 그리스의 도시 국가 공화국들은 그 비슷한 시기에 인도에서 탄생한 독립 공화제들과 마찬가지로 적은 인구의 요구에 적합한 숙의적 통치 방식을 수립했다. 남성 자산 소유자만이 시민의 권리를 가졌으므로 이는 귀족들이 이끄는 숙의적 통치 체제와 닮아 있다. 그럼에도 그리스의 도시 국가 공화국들은 통치 관련 사안을 결정하는 숙의적 회합의 신화를 만들어냈다. 통치 방식으로서의 이러한 직접 숙의 형태는 이 책의 기본 전제가 되었다. 대규모 민주주의 속에 놓인 현대 시민들도 정부와 직접 접촉하기를 열망한다. 이러한 직접 접촉이 부재한 탓에 시민과 정치인을 연결짓지 못하는 언론에 대한, 그리고 대중과 만나지 않는 정치인에 대한 냉소가 생겨난다. 재정 상태가 불안한 시기에 대표성이 흔들리면 포퓰리즘의 물결이 넘실될 수 있는 분위기가 조장된다. 과거 역사를 봐도 그렇고 오늘날에도 그렇다. 이렇듯 민주주의는 어렵다. 포퓰리즘은 거짓 친근감을 바탕으로 쉬운 해결책을 약속한다. 시민들은 자기 사정을 이해받고 싶어 한다. 얼굴을 마주 본 상태로 자신이 중요하다는 말을 듣고 싶어 한다. 그리고 해결책을 원한다. 직접 민주주의에서는 이 모든 것이 가능하지만 대의 민주주의에서는 복잡한 일이 일어난다. 자본주의는 시민들의 이러한 희망을 악용한다. 포퓰리즘은 공허한 약속을 한다. 그리하여 희망과 환멸의 순환이 이어진다.

기술은 민주주의를 향한 우리의 희망과 공포를 한층 더 키운다. 페이스북과 트위터는 여러 차례 일어났던 대중적 사회 운동의 목소리와 희망을 증폭시킨 바 있다. 이를 테면 아랍의 봄이라 불리는 사회 운동도 그러했다. 하지만 디지털로 증폭된 목소리가 커지는 것이 지역 전체의 화합을 일구어내지는 못했다. 아랍의 봄, 그 미완의 혁명은 기술이 어떻게 낙관론과 불안을 동시에 낳을 수 있는지를 보여준다. 정치에 있어, 민주주의에 있어 기술은 어떤 의미일까? 내 최근 연구는 광범위하고 심층적인 데이터 분석을 통해 온라인의 감정 표현을 추적하는 것이었다.[2] 동료들과 나는 주목할 만한 사회 운동들이 온라인에서 보이는 활동을 조사했다. 여기에는 아랍의 봄 운동 몇 가지, #점령하라(Occupy), #흑인생명중요하다(BlackLivesMatter), #다카(DACA, 미국 불법체류 청소년 추방 유예), #마가(MAGA, 미국을 다시 위대하게) 등이 포함되었다. 이들 해시태그를 중심으로 이루어지는 소셜 미디어 피드를 관찰 분석하여 사회 운동들의 온라인 활동을 추적하였다. 앞뒤 사정이 어떠하든 간에 결론은 늘 동일하게 나왔다.

기술은 민주주의 상황을 바로잡지 못하는 것이다. 기술은 복잡한 문제를 쉽게 해결하지 못하며, 때로는 강력한 오해를 키우기도 한다. 인터넷은 마법의 지팡이가 되지 못하며, 인터넷 이전의 기술 또한 마찬가지였다. 우선 인터넷 기반 플랫폼이라고 해서 민주주의가 존재하지 않던 곳에 민주주의를 선사할 수는 없는 노릇이다. 페이스북이나 트위터 같은 플랫폼들은 대화를 위한 공적 공간(space)을 제공하지만 탄탄한 공적 영역(sphere)을 구축하지는 못한다. 그 플랫폼들은 사람들을 연결시켜주고 사람들이 자신을 표현하는 기회를 제공해주기는 한다. 하지만 그러한 소통이 합의를 도출한다는 보장은 없다. 모든 공적 공간이 그러하듯이 그 플랫폼들은 우리를 새로운 사람들과 연결지어주지만 동시에 낯선 이들로부터 공격받는 상황에 쉽게 몰아넣기도 한다. 2016년 미국 대선, 2016년 브렉시트 국민투표, 2017년 프랑스 대선, 그리고 2018년 브라질과 멕시코의 총선 등 몇 가지 사례들을 봐도 그러할 것이다. 더 나아가 소셜 미디어에서는 표현과 연결이 다중화될 수 있지만 이것이 민주적일 필요는 없다. 연결할 수 있는 길이 다양하게 열려 있지만 그러한 연결이 민주화로 향할 필요는 없는 것이다. 소외된 사람들, 주변부 사람들과 연결되기도 하지만 동시에 파시스트와도 연결되는 것이다. 마지막으로 소셜 미디어는 증폭하는 성격이 있지만 평등을 이루려 하지는 않는다. 기술은 목소리를 높여주지만 모두를 위한 평등의 의미에서 그런 것은 아니며, 사회 문제를 없앨 수 있는 힘도 가지고 있지 않다. 예를 들어 증오발언을 일으키는 것은 사람이지 인터넷이 아니다. 그럼에도 소셜 미디어 플랫폼들은 증오 행동을 눈에 더 잘 띄게 하고 그에 따라 더 쉽게 전파되도록 만든다. 이러한 플랫폼들은 구조상 현재의 권력 위계를 강화하고 재생산한다. 이렇게 되는 것은 그 구조의 설계 및 작동 방식에 침투해 있는 문화적 선입견에 의거하기 때문이다,

이 모두를 고려한다면 더 좋은 방법이 있는 걸까?

분명히 해 둘 것이 있다. 내가 언급하려는 것은 대의적 통치 형태이지 군주제, 과두제, 독재나 그 외 다양한 전제적 통치 모델이 아니다. 대안을 찾으려면 현재 민주주의의 한계를 살펴야 한다. 이러한 한계들을 세심하게 다루고 그 해결책들을 모색함으로써 우리는 더 나은 민주적 통치 국면에 다가설 수 있다. 더 나은 통치 국면이란 자본주의가 제기하는 갈등을 미리 파악하는 통치 방식, 대의제 통치에서의 평등을 구조적으로 향상시키는 통치 방식이 될 것이다. 그것은 어쩌면 디지털 방식을 통하건 아날로그 방식을 통하건 시민들을 미디어 및 정치인들과 연결해 더 건강한 신뢰관계를 가능케 하는 민주주의 형태일 수도 있다. 나는 어떤 유토피아적 관점에 사로잡혀 있는 것이 아니다. 시민들이 문제의 답을 이미 가지고 있음을 믿고 있는 것이다. 다만 시민들에게는 그 답을 제시할 기회가 주어지지 않았고, 우리는 시민들의 목소리를 들으려 않았을 뿐이다. 이 책은 바로 이러한 시민들의 목소리를 제시할 것이다.

앞서 논의했듯이 재산이 없는 사람, 남자가 아닌 사람, 피부색을 가진 사람들은 모두 '민주적' 체제에서 배제되어 왔다. 현재 수많은 상황에서 민주적 평등이 결여되어 있는 게 분명하지만 우리는 아직 그러한 점을 온전히 깨닫지 못하고 있다. 근래에 우리가 경험하는 거짓 정보나 정보 왜곡 문제는 권력 남용이 정보 취급 능력의 결핍과 연결되어 있음을 보여준다. 선출직 공직자들이 이런 문제들에 제대로 대처하지 못하고 있기 때문에 우리는 그들이 이런 문제들을 정말로 이해하고 해결할 수 있는지 의문을 품는 것이다. 부패는 정부가 민주주의를 운용하는 방식에 영향을 미친다. 최근의 사회 운동은 대의제 하에서 평등이 미흡하면 대중의 이익이 잘못 대변된다는 점을 지적해준다.

세계 시민과의 대화를 통해 우리는 민주주의의 과거, 현재, 미래를 생각할 수 있다. 세계 시민들의 이야기를 하나로 엮으면 민주주의에 대한 보다 감칠맛 나는 이야기를 구성할 수 있을 것이다. 그리고 기술, 때로는 민주주의의 동지였다가 그보다 더 자주 민주주의의 적이었던 기술을 어쩌면 더 현명하게 사용할 수 있을 것이다. 더 나은 어떤 세상이 존재하고 있고, 기술이 우리를 그곳으로부터 멀리 떼어놓는 것이 아니라 그곳에 가까이 다가갈 수 있게 한다면 어떠할까?

바로 이러한 과정에 이끌려 나는 지금의 이 연구 작업에 매달렸다. 사람들에게 직접 민주주의에 대한 생각을 묻는 것보다 더 좋은 탐구 방법은 없을 것이라 생각했다. 초점을 맞추고 구조를 짜낸 틀 속에서의 인터뷰를 얘기하는 것이 아니다. 카페의 느긋한 분위기 속에서, 초현대적 도시의 번잡한 거리를 달리는 택시의 한정된 공간 안에서, 시골과 도시의 풍경이 겹치는 산책길에서, 또는 난민 캠프의 열악한 거주 실태 속에서 사람들에게 직접 묻는 것을 얘기하는 것이다. 그리하여 나는 세계여행의 길에 올랐고, 되는 대로 마주치는 낯선 사람들과 대화를 나누었다. 그들은 다양한 삶의 여정을 걷고 있는 사람들로서 우리와 연결될 수 있는 접점을 보여주기도 하고, 우리의 정체성을 부여하기도 하며 잠재적으로는 우리와의 접점을 찾기가 힘들기도 한 그런 사람들이었다. 그들과 우선 일상에 대해 잡담을 나누다가 농담이 오갈 정도로 분위기가 조성되면 민주주의에 대한 질문을 던졌다. 내 프로젝트를 설명하고 생각을 나눠줄 수 있는지 물었다. 그렇게 총 백 건의 인터뷰를 진행했다. 되는 대로 이루어진 즉석 인터뷰였지만 동일한 세 가지 질문을 던지는 체계는 일관되게 유지했다.

민주주의란 무엇입니까?

시민이 된다는 것은 무슨 뜻인가요?

더 나은 민주주의를 어떻게 만들 수 있을까요?

다른 곳에서 이미 논의했듯이, 기술은 우리를 그물처럼 엮어주지만, 우리를 연결짓고, 우리의 정체성을 부여하며 나아가 우리를 분리시키기도 하는 것은 바로 우리의 이야기이다.[3] 민주주의와 기술은 표현과 연결의 문제이다. 나는 민주주의에 대한 사람들의 이야기를 듣고 나누고 싶었다. 이를 통해 민주주의에서 기술이 차지하는 위치를 가늠해보고 싶었다. 그리고 이들 이야기가 뒤이어 올 시대를 향한 길을 닦고 민주주의를 개선해주길 바랐다. 민주주의 이후에는 과연 무엇이 올까?

과거로부터 배우기

이 책의 연구 과정은 상향식 방법으로 이루어지길 고대했지만, 나의 연구 작업은 여전히 이론으로부터 끌어온 것이고 이론을 수립하기를 희망한다. 민주주의 이후에 무엇이 올 것인가에 대한 순화된 권고와 정제된 이해라는 의미에서의 이론 말이다. 통치의 이상화된 형태로서 민주주의는 늘 우리의 찬사 및 불만의 대상이었다. 최근 중동과 북 아프리카에 걸쳐 파도처럼 일어난 시민 소요 사태에서는 민주적 통치에 대한 약속을 믿은 수많은 대중들이 합류했지만 상호 충돌하는 지정학적 이해관계가 해결되지 못한 채 다수의 사상자를 낳는 아수라장이 펼쳐지고 말았다. 현재의 사회 운동에 영감을 주었던 과거의 혁명들 또한 우리가 기억하고 싶어 하는 민주주의로의 매끈한 전환과는 거리가 멀었다. 프랑스와 미국 혁명은 착취를 일삼던 군주 국가를 무너뜨리기는 했지만 민주주의로 가는 과정은 길었고 전쟁, 손실, 불확실성으로 가득찼으며, 강력한 권력을 지닌 반(半)-전제군주적 인물이 안정된 대의제 민주주의 통치 형태를 도입하는 긴 과도기를 거쳐야 했다. 더 먼 과거로 가보면 민주제 도시국가와 과두제 도시국가 사이에 긴 전쟁의 시기와 짧은 평화기를 거친 고대 그리스가 우리의 시선을 붙잡는다.

우리는 집단 향수에 빠져 민주주의의 복잡한 역사를 잊고 있다. 우리는 민주주의에 많은 것을 기대하지만 기대가 충족되지 않으면 정치인, 미디어, 이해당사자들, 자본계 큰손들을 비난하며, 그 비난이 마땅하다고 여긴다. 실상 우리를 좌절시키는 것은 선출직 공직자들, 미디어, 통치 체제만이 아니다. 우리 자신의 기대감 또한 우리를 좌절시킨다. 우리는 불가능한 목표와 비현실적인 시한을 설정한다. 동화적인 낭만에 빠져 있는 것이다. 진실은 우리가 늘 불완전한 민주주의 속에 살아왔고 지금도 그렇다는 것이다.

민주주의는 고정되어 있지 않다. 주어지는 것도, 보장되는 것도, 안정된 것도 아니다. 민주주의는 정체되지 않은 어떤 상태이다. 민주주의는 불완전한 어떤 상태로서, 가장 발전된 민주주의 하의 시민들조차 만족을 얻지 못하거나 하찮은 취급을 받는다고 느낀다.[4] 이러한 상태는 새롭지는 않지만, 오늘날 증폭되어 있다. 과거 시민들이 향유했던 무언가를 지금 우리가 잃어버렸다는, 어쩌면 영원히 잃어버렸을지도 모른다는 느낌 때문에 그러하다. 과거는 훌륭했으나, 현재는 그저 그렇고, 미래는 불확실하다는 것.

현재에 대해 생각하기

민주주의의 현재 상태가 많은 부분에서 내 연구의 동력이 되었다. 정치 이론가 샹탈 무페(Chantal Mouffe)가 언급했듯이, 민주주의의 역설은 대중 사회에서 직접 민주주의를 실천하기가 불가능함을 의미한다.[5] 소규모 사회를 위해 고안된 민주주의 모델이 대규모 대중 사회의 문제를 위한 모든 것이자 궁극적인 것으로 현재 제시되고 있다. 나의 첫 번째 책 『사적 영역: 디지털 시대의 민주주의(A Private Sphere: Democracy in a Digital Age)』에서 나는 공적 영역을 포함한 전통적 숙의 형태와 현대 시대의 관련성에 의문을 제기했다.[6] 일반적으로 공적 영역이란 민주적 의사결정 과정에서 합의를 이끌어내는 열린 숙의 방식을 의미한다. 위르겐 하버마스(Jürgen Habermas)의 독창적인 세미나 텍스트에 등장하는 단어 öffentilichkeit를 '공적 영역'이라 번역하는 관행은 잘못된 것이다. 하버마스의 그 용어는 전체 대화 과정에서의 열린 상태가 갖는 잠재력과 그것을 제공해줄 수 있는 사회적 역량을 뜻한다. '공적 영역'이라는 용어는 그 뿌리가 고대 그리스로 거슬러 올라가지만, 고대나 현대 그리스어에서조차 제대로 번역되지 않는다. 인터넷은 개방성을 제공해준다. 그러나 내가 논증했듯이, 공적 영역이란 이 상상적 이념은 실제로 구현되는 것이 아니라 정신을 고양시키기 위한 하나의 은유일 뿐이다. 내가 주장했듯이, 오늘날 사회의 시민들은 전통적 정치 참여 형태에 환멸을 느끼고 있으므로, 새로운 미디어 기술을 활용하여 자신의 미시적인 그리고 거시적인 정치적 꿈과 열망을 재창조하려 한다. 그런데 공적 영역은 그들이 이미 냉소적이었던 표현 방식을 곧바로 초래하고, 개인 혹은 가족 영역은 점점 더 감시를 받거나 수익화되어 간다. 그리하여 시민들은 그런 것들 대신 모바일로 퇴각한다. '사적 영역'이라 일컬어지는 모바일의 심리적 공간에서 시민들은 나름대로의 의미있는 방식으로 자율성 속에서 정치를 실천한다.

이들은 어떻게 실천하여 어떤 결과를 얻고 있을까? 나는 이 문제를 나의 두 번째 책 『감정적 대중: 정서, 기술, 정치(Affective Publics: Sentiment, Technology, and Politics)』에서 다뤘다. 이 책은 현대 사회의 사람들이 관심 있는 문제 주변으로 어떻게 연결되고 움직이는지를 살펴본다. 여기서 '감정적 대중'이란 감정에 의해 연결되고, 규정되며, 해체될 여지도 있는 그물망 관계(netwoked) 속의 대중을 말한다. 사람들은 감정에 의해 반사적으로 앞을 향해 움직이기도 하지만, 동시에 수동성에 매몰된 상태 속으로 자신을 가두어버리는 경우도 많다. 결국 이 책에서 내가 내린 결론은 기술이 우리를 그물망처럼 엮고 있지만, 실제로 우리를 연결하고, 우리의 정체성을 부여하며, 우리를 분리시킬 수도 있는 것은 바로 우리의 이야기라는 점이었다.

두 번째 책을 쓸 당시에는 깨닫지 못했지만, 내가 오랫동안 회피해왔던 몇몇 질문들과 맞닥뜨리게 된 것은 필연이었다. 이 책의 바탕을 이루기도 하는 그 질문들은 다음과 같다. 사람들이 기술을 가지고 하려는 것은 무엇인가? 기술을 사용하면 민주주의에 어떤 결과가 빚어질까? 민주주의는 앞으로 어떻게 될 것이며, 궁극적으로 현대 사회에서 민주주의는 무엇인가? '만약 그렇게 되면 어떠할까?'라는 상황, 그 가정법적 질문 양식은 오랫동안 줄곧 나의 의욕을 부추기는 자극제가 되어 왔다. 나는 기술이 무엇을 했는지 알고 있다. 하지만 사람들에게 기술이 무엇인지를 물어보면서, 기술이 지금의 모습 대신 어떤 모습을 가질 수 있었을까 라는 가정적 상황에 대해 나와 함께 생각하는 쪽으로 사람들을 유도하고 싶었다. 기술이 다르게 사용되었다면 어떠했을까?

그렇지만 나는 이 가정법 양식을 내 연구의 주된 초점인 민주주의에 적용해볼 생각은 하지 못했다. 기술과 함께 하는 삶을 다시 상상해보라고 열정적으로 논의해왔음에도 불구하고 민주주의에 대해서는 똑같은 질문을 던지지 않았던 것이다. 그리하여 이 책은 '만약 그렇다면 어떠할까?'라는 질문과 연관된 작업이 되었다. 민주주의가 더 나아졌다면 어떠했을까라는 질문뿐만 아니라 민주주의를 더 낮게 만들 수 있는 것은 무엇이었을까라는 질문도 연관된다. 그리고 더욱더 중요한 것은, 민주주의란 우리가 추구하는 목표가 아니라 무언가에 이르는 과정이라면 어떠할까라는 질문이다. 그 무언가는 무엇이며 어떻게 해야 발견할 수 있을까? 이 질문들 속에 이 작업을 하게끔 부추긴 이론적 배경과 이 작업이 앞으로 관여하고 기여하게 될 연구의 방향이 함축되어 있다. 다시 말해 이 책은 이론을 사용하여 이론을 넘어서려 하며, 시민들에게 직접 말을 걸며 시민들과 대화하려고 하는 것이다.

미래를 다시 상상하기 위한 계획

이 프로젝트를 처음 구상할 무렵 나는 이것이 진화하는 여행기가 될 것이라 생각했다.[8] 세계는 195개 국가로 이루어져 있는데, 나는 그 중 합당한 표본 국가들을 추려서 민주주의에 대한 서로 다른 접근 방식을 살펴보고 싶었다. 민주주의, 시민권, 민주주의 개선 방법에 관한 세 가지 질문을 구심점으로 삼아 내가 듣게 될 이야기를 정리하려고 했다. 처음 몇 건의 인터뷰를 진행하면서 나는 나의 연구 목표를 보다 충실하게 완수할 수 있는 뜻깊은 접근 방법이 있음을 깨달았다. 민주주의에 관한 한 나는 유럽중심주의와 서구의 이론을 안고 가면서도 동시에 그것을 넘어서고 싶었다. 냉소주의, 환멸, 포퓰리즘 같은 우리 시대의 문제들도 세계 각지의 사람들과 논의하고 싶었다. 이들 문제는 우리 시대만의 고유한 문제는 아니다. 그럼에도 그 문제들은 우리 시대의 민주주의를 규정하고 있다. 그래서 나는 좀 더 초점화된 국가 목록을 뽑아 그 문제들에 다가가기로 마음먹었다. 어차피 내가 하는 일이란 사람들의 응답들을 종합하고 그로부터 진화하는 것이니까 말이다. 그리하여 나는 다음 세 부류의 통치 체제에 초점을 맞추기로 하였다.

1. 첫 번째 초점은 오랜 역사를 지니며 활기차면서도 한편으론 흠결이 있는 민주주의 체제들이다. 곤경에 빠진 민주주의 체제이기도 하다. 가능한 한 범위를 넓혀 표본을 잡으면, 브라질, 캐나다, 그리스, 멕시코, 영국 그리고 미국 등이 고찰 대상이 된다. 이들 국가는 민주주의 경험이 상당할 뿐만 아니라 성공을 얻었으면서도 부패, 경제 불안, 포퓰리즘과 같은 어려움을 최근에 겪고 있다. 이들 국가는 민주주의가 현대의 문제들에 반

응하는 다양한 방식들을 보여줄 것이다.

2. 두 번째 초점은 서구에 의해 독재 딱지가 붙여지기는 했지만 민주적 열망을 지닌 시민들로 북적되는 정권이다. 민주주의는 그것을 경험한 적이 없는 사람들이 있어야 다시 상상할 수 있다. 더욱이 민주주의는 서구만의 상상 속에서는 존재할 수 없다. 따라서 나는 중국과 러시아 시민들을 인터뷰했다. 이 두 국가는 지구적 정치 지평에서 주요 세력을 행사하면서도 민주주의 담론으로부터 늘 제외되고 있다. 어느 나라든 통치 형태로서 일정 수준의 독재를 겪을 수 있다. 서구의 민주주의도 일정 부분 독재적 통치자를 경험했으며, 여러 국가들이 독재를 벗어나 민주주의를 되찾기도 했다. 독재 정권 하의 시민들도 민주적 미래를 누릴 수 있고, 이에 대해 말해야만 한다.

3. 마지막 세 번째 초점은 민주주의를 시도했으나 실패한 국가들이다. 대부분의 경우 이런 나라를 여행하기는 쉽지 않았으며, 사람들의 신원을 파악하거나 인터뷰를 진행하는 것은 그들과 나에게 모두 위험했다. 예를 들자면, 시리아나 아프가니스탄에서 인터뷰를 진행할 수는 있겠지만 사람을 찾고 통역사를 구하고 인터뷰를 진행하는 과정이 어려울뿐더러, 지나친 관심을 끌 수 있어서, 위협을 느낀 사람들이 의미 있는 대답을 해주지 않을 가능성도 높다. 그래서 나는 이들 국가 출신 난민과 만나기로 했다. 난민들이 주로 이용하는 항구가 있는 유럽 연합 국가들의 대사관과 난민 센터의 협력을 받았다. 아프가니스탄, 이란, 시리아, 알바니아, 이집

트, 가나, 파키스탄 출신 난민들을 인터뷰하고 난민들이 모국어를 사용하는 경우 난민센터와 대사관이 연결해준 통역사의 도움을 받았다.

복잡했지만 흥미로운 여행이었다. 인터뷰는 민주주의 고해성사처럼 느껴지곤 했다. 사람들은 무엇이 힘든지에 대해 소박하면서도 진지하게 털어놓았다. 서로 다른 문화적 특징이 반영된 표현들이었지만 공통점이 있었다. 나는 보수적 정치 성향이 짙은 사람들과도, 진보적 정치 성향이 극단적인 사람들과도 얘기를 나눴다. 열정적이면서 동시에 몹시 냉소적인 젊은 사람들, 평온하고 낙담하고 향수에 빠지며 희망을 놓지 않는 노인들도 만났다. 많은 사람들이 이상으로서의 민주주의와 정부가 실제로 실행하고 있는 민주주의 사이의 괴리를 지적했다. 자본주의와 이해당사자들의 이익이 우선시되는 일이 많다고 하였다. 가끔 특정 정치인을 꼬집지 않고 추상적으로 말하는 경우도 있었다. 이것은 지배구조와 선출직 공직자가 바뀌더라도 동일한 문제가 그대로 지속될 것이라 여기기 때문이다. 사람들은 민주주의를 신뢰하지만 선출 공직자, 미디어, 기술은 거의 신뢰하지 않는 것이 분명했다. 특히 감동적이었던 것은 더 나은 민주주의를 어떻게 만들 것인가라는 질문을 받았을 때 사람들이 취한 지극히 성찰적인 모습이었다. 이들은 연결과 표현의 지역적 성공담을 언급하며 지역 통치구조에서 가장 큰 힘을 얻는 듯 보였다. 선출직 공직자와 국가적 혹은 세계적 통치 형태와의 연결성을 그려보일 때 사람들은 민주주의가 유지되려면 어느 정도의 제한은 받아야 한다고 보는 듯했다. 부패, 자본주의, 정치인과의 직접 접촉 부재, 미디어 보도에 대한 반감은 모두 민주주의가 가야 할 길을 가로막는 요소로 지목되었다. 훌륭한 시민성에 대해 숙고할 때 시민들은 지역 통치구조, 일상의 사소한 일을 잘 처리하는 능력, 동료 시민에 대한 시민적 책임감, 연민, 공감 등을 거론하였다. 더 나은 민주주의를 어떻게 만들 것인가 하는 질문에 대해서는 미디어와 기술을 통한 정보 접근성의 개선, 통치 형태에 대한 보다 즉각적인 접근성, 대표성의 평등 등이 반복적으로 언급되었다. 회의주의와 희망이 섞인 대답이 내게는 놀라웠다.

인터뷰할 때 사람들은 가끔 민주주의의 교과서적 정의를 제시하기도 하였다. 그럴 경우 나는 그들 자신의 주관적 의견을 기대하면서 다시 질문을 던졌다. 시민권이나 민주주의를 정의할 때 응답자들은 자주 "내가 제대로 말하고 있나요?"라고 물었다. 고국의 민주주의를 바랐으나 결국 전쟁 중에 모든 것을 버리고 떠나와야 했던 사람들에게서는 공허한 시선을 보기도 했다. 탈레반에 징집당하지 않기 위해 조국을 등져야 했던 가슴 아픈 이야기를 들려주면서 자신의 눈동자를 파고드는 나의 시선을 그대로 내버려두었던 사람들에게 감사를 표한다. 내가 이런 식의 인터뷰를 진행한 이유는 열망하는 이들에게 관심이 있기 때문이었다. '만약 그렇다면 어떠할까?'라는 질문 앞에서 나와 함께 기꺼이 고민해주는 이들과 대화하고 싶었다. 상황이 달랐다면 이들은 어떤 모습이었을까? 나의 목표는 민주주의를 어떻게 개선할 것인지, 민주주의 이후에 무엇이 뒤따라 나올 것인지에 대한 답을 찾는 데 있었다. 이 책의 제목 『민주주의 그 이후』는 무엇이 있을 수 있는지를 생각해보도록 독자들에게 요청하는 의미가 있다. 인터뷰는 열망에 관한 증거를 제시할 뿐, 그 이상의 결과물을 내놓지 못한다는 비판을 종종 받는다. 하지만 내 경우에는 바로 그 점이 자산이 되었다. 나는 세 가지 광범위한 질문으로 대화를 시작해 상대가 자기 이야기를 하도록 했다. 개인적인 이야기였다. 그들은 과거를 돌아보고 미래를 내다보았다. 그에 따라 향수에 젖다가는 열망을 내보였다. 인터뷰 대상자들은 서로 다른 문화권 출신이었으며, 내가 해야 할 일은 그들이 현재와 다른 민주주의에 대해, 혹은 민주주의 이후에 무엇이 뒤따르는지에 대해 상상할 때 그들을 묶어주는 공통점이 무엇인지를 찾아내는 것이었다. 하지만 그들의 의견이 어디서 갈라지는지, 그리고 왜 갈라지는지에 대해서도 또한 궁금했다.

이런 질문들은 내가 처음 던진 것이 아니다. 사회학자 니나 엘리아소프(Nina Eliasoph)는 소집단의 사람들이 정치에 대해 어떻게 말하고 또 말하는 것을 어떻게 회피하는지를 수년에 걸쳐 연구했다. 사람들은 '정치 얘기를 할 때 뒤쪽에 숨어 속삭이듯 한다'고 하면서 엘리아소프는 정치에 대한 관심과 대화예절을 중시하는 문화가 의도치 않게 무관심을 재생산한다는 점을 추적하였다. 저서 『정치 회피: 미국인들이 일상에서 무관심해지는 방법(Avoiding Politics: How Americans Produce Apathy in Everyday Life)』에서 엘리아소프는 무관심의 신화에 도전한다.[9] 무관심이 가장 없을 것 같은 곳에서 무관심을 발견하고 무관심이 어떻게 생겨나는지를 설득력 있게 제시한 것이다. 엘리아소프는 교외지역 시민 집단의 민속지학 연구를 위해 대화, 인터뷰, 관찰 기법을 복합적으로 활용하였다. 엘리아소프의 연구는 미국 정계에서의 대화 구조, 그리고 정중함과 예의바름을 구별하지 못하는 미국 정계의 과오 때문에 미국인들이 중요하지만 불편한 대화를 나누지 못하게 되는 상황을 잘 보여주고 있다.

나는 대화 상대에게서 자연스럽게 정치적 얘기를 끌어낼 방법에 대해 많이 생각했다. 정치학자 제인 맨스브리지(Jane Mansbridge)는 혁신적이며 영향력이 센 자신의 저술에서, 민주주의를 지금과 다르게 상상했다면 그 민주주의는 어떤 모습을 띨 것인가에 대해 이미 논의하고 있다. 맨스브리지는 두 곳의 미시적 민주주의 체제를 직접 체험하며 연구를 수행했는데, 하나는 뉴잉글랜드의 작은 마을 회의였고 다른 하나는 도시 위기 센터였다.[10] 더 최근에는 전설적인 사회학자 앨리 혹실드(Arlie Hochschild)가 티파티 보수 정치인들의 뿌리를 이해하기 위해 그 문화 속으로 직접 들어가 자기 조국에서 소외되었다고 느끼는 이들의 복잡한 감정을 파헤친 바 있다. 혹실드는 이들을 '자기 땅의 이방인들'이라 규정하며 도널드 트럼프가 미 대통령에 당선되도록 만든 정치 상황을 분석했다.[11] 정치학자 캐시 크래머(Kathy Cramer)는 위스콘신 주의 시골 지역 유권자들과 나눈 심층적 대화를 통해, 큰 정부에 반대하면서도 동시에 그것을 다시 뽑는 문화가 경제 불안에 의해 어떻게 조성되는지를 추적했다.[12] 마찬가지로 사회학자 프란체스카 폴레타(Francesca Polletta)는 『자유는 끝없는 미팅(Freedom Is an Endless Meeting)』이라는 책에서 미국의 운동권 인사들과 나눈 인터뷰를 통해 민주적 참여 문화가 어떻게 재탄생될 수 있는지에 대한 구체적 제안을 내놓았다.[13]

나는 이 연구들을 살펴보면서 그것들이 왜 그리고 어떻게 확장 연관성을 확보했는지 검토했다. 그 연구자들은 작은 공동체를 세밀하게 분석하는 데 집중했을 뿐만 아니라 그 지역적 경향을 더 크고 넓은 불평의 문화에 꼼꼼하게 연결하면서 연구의 의미를 끌어냈다. 그들은 탐구 결과를 해석하고, 이론을 활용하며, 자신의 작업을 더 폭넓은 다른 연구와 연결함으로써 그렇게 했던 것이다. 그들은 통찰력을 보여주기는 했으나, 그들의 연구는 미국 기반의 민주주의 실천 문제에 초점이 놓여 있다. 나는 여기서 한 걸음 더 나아가고자 한다. 민주주의는 미국에서 발명되지 않았고 미국에서 가장 오래 실천된 것도 아니다. 미국 기반 민주주의 문제 중에는 다른 나라에서도 나타나는 것이 있는 반면 온전히 미국만의 것도 있다. 최근 캐나다 정치가이자 학자인 마이클 이그나티에프(Michael Ignatief)는 국가와 문화의 작은 하위 집단들에 접근할 수 있는 네트워크를 활용하여, 우리 시대를 규정하는 보편 미덕에 대한 저서를 냈다.[14] 나 또한 유사한 접근 방식을 따라 서구 안팎을 넘나들며 작업하면서, 민주주의를 논의하는 우리가 무엇에 의해 결집되고 또 분리되는지를 알아내고자 했다. 그리하여 나는 이런 길을 먼저 가 본 사람들이 펼쳤던 대화 양식을 따랐다. 나는 선행연구자들로부터 사람들에게 다가서고, 신뢰를 얻고, 사람들이 마음을 열고 대화에 참여하도록 이끄는 방법을 배웠으며, 그렇게 이루어진 대화가 양쪽 모두에게 만족스럽기를 희망했다. 나는 계층화와 눈덩이 기법을 결합하여 대화 상대자 그룹을 확보했다. 인터뷰가 가능한 사람들을 국가별로 분류한 그룹 속에 위치시켰다. 각각의 국가에서는 네트워크를 동원해 학자, 교사, 학생, 교수라는 내 인생 경로와 겹치지 않는 사람들을 소개해달라고 부탁했다. 게다가 나는 붐비는 카페에서 기다리다가, 혹은 비행기를 함께 타고 가다가 만나는 낯선 사람들과의 우연한 대화도 마음에 두고 있었다. 우리가 일상생활 속에서 무심코 지나쳤던 사람들, 이를 테면 수위, 관리인, 공무원, 자원봉사자, 슈퍼마켓 계산원 같은 사람들 앞에서도 나는 걸음을 멈추고 말을 걸었다. 상대방의 일상을 해치지 않도록 대화의 시간과 기회를 잡았음은 물론이다. 그들에게 다짜고짜 다가가서 단도직입적으로 민주주의에 대해 어떻게 생각하는지 묻지는 않았다. (이 역시 재미있는 실험이고 아마 다른 책 한 권을 쓸 수 있을 테지만 말이다.) 나는 가벼운 대화를 시작했고, 어느 정도 친밀도가 높아지면 구체적 질문을 던졌다. 이렇게 한 목적은 두 가지였다. 첫째, 이는 대화와 상호작용을 위한 편안한 상태를 만들어주었다. 상대가 수다에 관심이 있는지, 더 초점화된 대화를 시작할 여지가 있는지 판단할 기회이기도 했다. 둘째, 이런 대화로 나는 상대의 정치관, 삶의 방침, 일반적 마음가짐을 느낄 수 있었다. 나는 상대의 정치적 이력이나 인구사회학적 표준 자료를 수집하고 싶지 않았다. 이는 연구의 범위가 아니다. 나의 작업은 민주주의를 학습하는 도구로서의 대화에 대한 연구인 것이다. 다만 나는 눈덩이 전략을 통해 다양한 표본을 만들 수 있음을 확인하고 싶었다. 그래서 사람들과 이야기를 나누면서 그들의 친구들을 소개시켜달라고 부탁했으며, 그에 따라 대화 네트워크를 넓혔다. 이를 통해 내가 다양한 배경, 직업, 세대의 사람들과 인터뷰를 진행한다는 점을 확신할 수 있었다.

디지털 질문

지난 몇 십 년 동안 벌어진 일들은 미디어가 민주주의에 얼마나 핵심적인가를 선명히 보여주었다.[15] 같은 시기 동안 사회과학자들은 기술, 정치, 민주주의 사이의 관계를 오래 추적해왔다. 디지털의 도움을 받았지만 미완으로 끝난 혁명, 중단되어 버린 운동, 부르주아 포퓰리즘 등은 우리를 설레게 한 동시에 실망시켰다. 그것들은 기술이 민주주의로 가는 디지털적 통로를 열어준다는 희망으로 우리를 벅차게 했지만, 동시에 그 통로의 취약성을 분명히 각인시켜주기도 했다. 그것들은 우리를 민주주의 비전으로 들뜨게 했으나 동시에 그 비전이 포퓰리즘으로 오염되면서 우리를 실망시키기도 했다. 우리는 이들 문제에서 기술을 비난하는 데 익숙해 있다. 선거는 해킹당하고, 포퓰리즘은 디지털로 확산되고, 증오발언이 온라인에 횡행하고, 온라인에서 활성화된 운동이 오프라인에서는 거의 나타나지 않으며, 인터넷은 우리를 하나로 묶지만 동시에 서로 멀리 떨어뜨린다고 말이다. 이들 비난은 물론 사실이다. 그렇지만 디지털 기술이 제공할 수 없는 무언가를 우리가 기대해 온 것이라면 어떨까? 민주주의가 최종 목표가 아니라 더 나은 무언가로 가기 위한 통로라면 어떨까? 기술이 그곳에 가까이 다가가도록 도와줄 수 있다면 어떨까?

이 책은 현재 상태에 대한 답변이다. 이 책은 민주주의와 함께 해온 우리의 오랜 여정에서, 그리고 기술과의 투쟁에서 나왔다. 실패한 민주주의, 열망을 품은 민주주의, 결함 있는 민주주의를 경험한 시민들과 나눈 비공식적 대화는 민주주의에 얽힌 사람들의 이야기를 들려주기 위한 것이다. 정치학자 스티븐 코울먼(Stephen Coleman)은 불평등이라는 시스템적 문제를 기술로 해결하려는 시도에 대해 자주 글을 써왔다. 통찰력으로 빛나는 책 『유권자는 어떻게 느끼는가(How Voters Feel)』에서 그는 문제의 근원을 재치 있게 파헤친다. 투표자들의 수효는 계산되지만, 정작 투표자 자신은 자신의 표가 계산된다고 느끼지 못한다는 것이다. 해결해야 할 가장 큰 문제는 디지털이 아니다. 기술은 일회용 밴드가 아니다. 기술은 해결책이 아니며 오히려 주의 산만한 훼방꾼이 되어 더 깊은 문제를 보지 못하게 만들곤 한다. 이 때문에 나는 대화상대가 먼저 말을 꺼내지 않는 한 기술에 대해 묻지 않았다. 이 책은 사람들이 원하는 민주주의의 모습에 초점을 맞춘다. 민주주의를 다시 상상할 수 있다면 무엇을 하고 싶은지에 대한 책이다.

물론 현재와 미래의 민주주의에 기술을 위한 자리는 여전히 존재한다. 민주주의 이후에 올 무언가에도 기술의 자리가 있을 것이다. 실상, 기술이 제공해주는 것은 정확히 이런 것이다. 자리, 공간, 의미 생성 장소 같은 것 말이다. 기술은 인프라 구조를 창조하고, 공간을 창조하며, 대화를 주재한다. 채팅방이나 트위터, 레딧, 페이스북 같은 플랫폼이 그런 공간을 제시해준다.

우리 선조들의 기술은 공원, 광장, 중앙무대, 카페, 극장, 편지, 신문, 텔레비전, 라디오였다. 기술적으로 개조된 공간이라 할 수 있는 이것들 중 몇몇은 우리에게 여전히 의미 깊게 남아있다. 우리가 알아야 할 중요한 사항이 하나 있다. 건축이 분위기를 잡고, 기운을 조성하며, 기분에 영향을 준다는 점이다. 구조는 상호작용의 가능성을 열기도 하고 남들을 억압하기도 한다. 큰 창으로 자연광이 쏟아져 들어오고 높은 천장에서 빛이 반사되어 공간감을 크게 하는 곳에서 진행되는 대화를 상상해 보라. 이 대화에 참여할 때 기분이 어떨까? 반대로 어두침침하고 작은 방, 창문이 없고 천장이 낮으며 개인 공간이 거의 없는 곳을 그려보라. 두 장소 모두 흥미로운 대화가 이루어질 수 있지만 주제와 질감, 분위기는 다를 것이다. 영화가 시작되면 침묵과 주의집중을 끌어내는 극장의 설계를 생각해보라. 반대로 작고 시끄럽고 붐비는, 친구와 함께 가고 싶은 골목 술집을 떠올려보고, 그런 공간이 어떻게 색다른 대화를 빚어내는지 생각해보라. 기술이 작동하는 방식도 이렇다. 기술은 분위기를 잡는다. 그런데 현재의 인터넷이 민주주의에 맞는 분위기를 잡을 수 있을지 나는 확신하지 못한다.

앞서 설명했듯 기술은 많은 일을 해낼 수 있는데, 목소리를 크게 만드는 것도 해당된다. 하지만 큰 목소리가 늘 민주주의로 이어지는 것은 아니다. 오히려 멀어지는 경우도 많다. 사회학자 마이클 셔드슨(Michael Schudson)의 유명한 주장에 의하면, 대화는 민주주의의 정수가 아니라는 것이다. 일반적 믿음과 달리, 대화의 규범에는 민주주의가 내재해 있지 않다. 오히려 민주주의 제도와 규범이 민주적 대화를 가능하게끔 분위기를 잡는 것이다. 그 반대가 아니다. 바꿔 말하자면 대화는 민주주의의 영혼이 아니지만, 그 영혼이 있는 곳을 찾아 그곳에 도달하는 방법일 수는 있는 것이다.

이 책은 대화에 대한 것이다. 이미 언급했듯이 기술이 우리를 그물처럼 엮어주긴 해도, 우리를 연결하고 우리에게 정체성을 부여하며 때로는 우리를 분리시키기도 하는 것은 우리의 이야기들이다. 그리하여 나는 반대쪽에서 시작하고자 한다. 우선 그 이야기들이 어떤 것인지를 파악하여 그것들을 연결한다. 그런 다음 우리를 연결하고, 우리에게 정체성을 부여하며, 우리를 분리시키지 않는 이야기가 나올 수 있게끔 기술이 어떻게 설계될 수 있는지를 추적한다. 세상에는 그 어디서든 그 모습 그대로 존재하기 때문에 매력적인 무언가가 있다. 태양, 달, 바다 등등이 그렇다. 또한 어느 각도에서 보느냐에 따라 늘 다른 모습이어서 매력적인 무언가도 존재한다. 그 중 하나가 민주주의다.

2장. 도망 다니는 민주주의

민주주의란 무엇인가? 대화를 나누던 사람들에게 이 질문을 던지고 나면 긴 침묵이 뒤따른다. 자신이 생각하는 민주주의가 무엇인지 설명해달라고 요청했을 때 인터뷰 대상자들은 말없이 생각에 잠겼다. 주변 여건 탓에 그러는 것 같지는 않다. 내가 방문한 모든 국가에서 사람들이 말없이 멈춰 생각하다가 교과서적 정의로 돌아가는 게 다반사니 말이다. 이런 현상은 순수 민주주의를 찾는 과정에서 민주적이지 않은 것을 가려내는 데 익숙해져버린 탓인지도 모른다. 우리는 민주주의가 아닌 것을 떠올리면서 민주주의를 인식한다. 민주주의가 아닌 것을 설명하기 위한 조건들, 사례들, 그리고 바로 그 어휘가 훨씬 쉽게 떠오른다. 어떤 것의 정체가 무엇인가에 대한 질문을 받았을 때 우리는 그것이 아닌 것을 통해 그것을 정의하는 습관에 빠져 있다. 민주주의란 무엇인가라는 질문을 두고 인터뷰 대상자들과 내가 씨름을 하면서 가장 두드러지게 만난 주제는 발언권과 평등이다 우리 곁에 수천 년 동안 존재해온 개념을 정의하는 게 뭐가 어려울까 싶을지도 모른다. 하지만 익숙한 개념을 몇 마디 말로 표현하는 것은 보통일이 아니다. 우정, 가족, 사랑, 일, 죽음, 삶이 무슨 뜻인지 당신 스스로에게 물어보면 당신은 똑같이 안으로 잠겨들어 침묵할 것이다. 이 침묵이 뜻을 모른다는 것을 함축하지는 않는다. 그렇지만 이것들은 일상적 일들에 관한 큰 질문이다. 평범한 일상과 비범한 기대를 혼합하는 큰 질문인 것이다. 어떻게 해야 우리는 느낌으로 인지하고 있는 것을 말로 표현할 수 있을까?

민주주의도 평범한 일상과 비범한 기대를 섞으려 할 때 좋은 느낌으로 인지되는 그런 것들 중의 하나이다. 그래서 막상 질문을 받으면 말없이 생각에 잠기는 것이 보통이다. 민주주의는 새로운 감정도, 우리 세대나 우리 시대만의 산물도, 지구상 특정 지역에 한정되는 현상도 아니다. 과학자, 철학자, 시민들도 오랫동안 민주주의란 무엇인가라는 질문 앞에서 당혹감을 느껴왔다. 토머스 모어(Thomas More)는 민주주의 세계를 상상하며 존재의 완벽한 상태를 갈망하는 마음으로 『유토피아』를 썼다.[1] 그가 라틴어로 쓴 책은 두 권인데 첫 번째는 시간의 문제를 다루었고 『유토피아』라는 제목이 붙은 두 번째 책은 여행에서 돌아온 영국인이 상상 속의 이국적인 사회를 설명하는 내용이다. 내가 이 책을 처음 상상했을 때 나는 현대판 『유토피아』를 쓰고 싶었다. 이 단어의 뿌리는 그리스어에 있지만, 현재나 고대 시대나 이 단어의 쓰임새는 그리스인의 사용법과 상당히 다르다. 그리스에서 ουτοπία는 열망하지만 영원히 닿을 수 없는, 존재의 이상적인 상태를 뜻한다. 종종 이 용어는 공상적이며 너무나 비현실적인 개념을 지칭하는 꼬리표처럼 사용되고 있다. 다소간 경멸적인 의미가 담긴 것이다. 하지만 영어권에서 관용적으로 사용되면서 조금이나마 긍정적인 뉘앙스가 덧붙여졌다. 이런 사정을 감안하면 토머스 모어가 민주주의에 대한 책을 쓰면서 제목을 『유토피아』로 붙인 것은 납득할 만하다. 모어는 민주주의의 가망성과 위기에 대해 썼으며, 자신이 묘사하는 상황이 영원히 성취 불가능할지 모른다는 점을 알고 있었다. 모어는 왕정 시대를 살았고 그의 책은 1516년에 출판되었다. 민주주의 통치 체제 안에서 유토피아를 발견할 가능성에 대해 그는 양면적인 태도를 보였다. 헨리 8세를 성공회 수장으로 인정하지 않은 것을 빌미로 반역죄를 뒤집어쓴 채 1535년 교수형에 처해지면서 왕정에서 보인 그의 뛰어난 역할과 그 자신의 삶은 함께 끝이 났다.

『유토피아』에는 수많은 용어들이 있다. 그중 주인공의 이름은 모어가 그리는 세계가 실현 불가능함을 암시한다. 철학자인 주인공의 이름 라파엘 히슬로디에서 히슬로디(Hythloday)라는 성은 그리스어로부터 유래한 것으로 거칠게 번역하자면 '헛소리를 늘어놓는 장사치' 정도가 된다. 모어는 주인공의 입을 통해 플라톤을 인용하면서 '사람들이 모두 자기 재산을 소유하는 한, 이들을 치유하여 사회를 건강한 상태로 되돌릴 희망은 없다'고 설명한다.[2] 모어는 재산 소유가 민주주의와 병행 가능한 것인지 확신하지 못했지만 재산 소유가 없을 경우 이윤 창출이나 보편 복지에 대한 동기가 사라질 것이라 우려했다. 같은 페이지에서 (저자와 이름이 같은) 모어라는 인물은 '모든 것이 공유되는 곳에서는 누구도 편안하게 살 수 없다. 아무도 일하려 들지 않는 판국에 재화가 어찌 풍부해질 수 있겠는가? 누구든 남들의 노동에 기대고 있기 때문에 이윤을 창출하려는 동기가 없으며 점점 게을러지기만 한다.'[3]라고 덧붙인다. 등장인물마다 다른 의견을 지니는 구성이 멋지지만, 이런 인물들이 작가 자신의 양가적 생각을 반영한다는 점도 분명하다. 이 인물들의 생각은 친숙하게 들릴 뿐 아니라 자본주의와 공산주의의 이념 투쟁을 미리 예견하는 것이기도 하다. 수세기 전 플라톤과 아리스토텔레스 간의 이념 투쟁과 흡사하게 말이다.

플라톤은 『국가』에서 재산 소유가 국가의 상황에 이상적이지 않다고 보았다. 이와 달리 아리스토텔레스는 『정치학』에서 사적 소유를 옹호했으며 자유를 향하는 통로를 제시했다. 이들 논점은 텍스트 맥락을 도외시한 채 발췌되어 대립적인 것인 양 제시되곤 한다. 재산 소유와 평등의 관계는 거의 모든 학문 분야에, 기원이 무엇이든 상관없이 모든 종교에, 정치적이든 아니든 모든 일들을 다루는 대부분의 일상 대화에 등장하곤 한다. 담백하게 표현하자면, 내 것과 네 것 사이의 대립은 공공선에 관한 대화가 아예 일어나지 못하게 막는 근본적 장벽이다. 우리는 수세기 동안 상이한 언어, 용어, 관점으로 똑같은 대화를 지속해왔다. 나는 이 두 주장이 민주주의 조건의 양면성을 반영할 뿐 대립되는 견해라고는 보지 않는다. 이 두 주장은 더 긴 대화의 일부이며, 내게는 민주주의로 가는 여러 경로를 보여준다.

모어는 공상적 맥락에서 서로 다른 다양한 의견을 설명해주었다. 그렇다고 이 책이 공상인 것은 아니다. 하지만 나는 공상적 요소가 『유토피아』 안의 대화적 분위기 속에 울려 퍼지기를 바란다. 왜냐하면 『유토피아』의 대화는 현실의 구체적 사례들에 이어져 있기 때문이다. 여기에 추상적 정의를 내리려 하면 실패하기 십상이다. 나 혼자 이렇게 생각하는 것은 아니다. 알렉시스 드 토크빌(Alexis de Tocqueville)은 민주주의의 승리에 경탄하는 동시에 수많은 실패들 역시 예견했다.[4] 그는 폭정이나 과반수의 승리에 화를 내고 있었는데, 이는 내가 대륙을 넘나들며 사람들과 대화할 때에도 언급된 우려였다. 장 자크 루소는 무관심한 시민이 민주주의의 잠재력을 위협한다고 불평한 것으로 유명하다.[5] 유권자들의 선거 참여가 줄어드는 경향은 오늘날 전 세계에서 두루 나타나는 현상이다. 존 듀이(John Dewey)와 월터 리프만(Walter Lippmann)은 시민들이 개인적으로 민주주의를 통제할 수 있는지, 혹은 시민들은 영원히 엘리트에게 조종될 수밖에 없는지를 두고 논쟁을 펼쳤다. 리프만은 퓰리처 수상 작가이자 언론인, 대중 지식인이며 외향성으로 유명한 인물이기도 하다. 1920년대에 낸 책 『여론(Public Opinion)』에서 그는 민주주의는 규모를 키울 수 없다는 점을 유려하게 주장하였다. 미국 건국의 아버지들이 만들어낸 민주주의는 소규모 공동체 구성원들이 공공 문제에 대해 전문 지식을 얻거나 임명직 공직자와 직접 소통할 수 있는 상황을 염두에 둔 것이었다. 반면 현대 사회는 규모가 커져 대의 민주주의를 실행하게 되고 시민들이 정보를 얻거나 식견 있는 결정을 내리기 어렵게 되었다. 결국 시민들은 엘리트의 지식에 의존해야만 하고 동시에 엘리트의 조종을 받아들이게 되는 것이다.

생애 대부분을 맨해튼에서 화려하게 보낸 리프만은 사교적이고 유머감각 넘치는 인물로 내향적 성품의 심리학자, 철학자, 교육 개혁자, 자기 성찰적 대중 지성인이었던 존 듀이와 극명한 대조를 이룬다. 듀이는 리프만의 명쾌한 민주주의 비판에 찬사를 보낸 최초의 인물들 중 하나였다. 그러나 자기 자신의 의견도 분명히 지니고 있어서, 제대로 된 교육적, 사회적, 시민적 준비 태세가 갖추어지면 대중이 엘리트의 조종에 저항할 수 있다고 보았다. 리프만과 듀이는 둘 다 민주주의의 조건을 깊게 믿은 이상주의자였다. 그들은 민주주의 조건이 인간 조건의 핵심이라고 보았다. 듀이는 "나에게 민주주의는 인류의 하나밖에 없는 궁극적 윤리적 이상과 동의어이다."라는 유명한 말을 남기기도 했다.[6] 리프만은 이 말을 반박하지 않으면서도 우리가 직접 경험할 수 없는 사건들을 알려주는 미디어의 증대되는 역할에 깊은 관심을 기울였다. 그는 바깥세상의 모습과 머릿속의 그림을 구분하는 것에 빗대어, 실제로 일어나는 일과 미디어를 통해 일어났음을 알게 된 일 사이의 차이를 설명한 것으로도 유명하다.

현재의 미디어는 이런 문제들을 한층 더 복잡하게 만들고 있는 것이 사실이다. 이런 문제들 탓에 공중과 개인, 시민과 정치인 사이의 거리가 더 벌어진 듯하다. 선출직 공직자는 온라인, 텔레비전, 일반 언론에 고도로 꾸며진 공적 페르소나로서 등장하는데, 이것 때문에 시민들은 더 회의적이고 냉소적이 되며, 정치 관련 일로부터 더 멀어지게 된다.[7] 빅 데이터 정량화를 위시한 투표 메커니즘은 저마다의 색깔을 가진 시민의 의견을 번호 매겨진 목소리로, 정량화된 의견으로 혹은 시각화된 대상으로 전환시켜 이 정책 아니면 저 정책을 지지하게끔 만든다.[8] 최근의 미디어는 시민들을 참여시켜 그들의 의견을 듣는 새로운 기회를 열었다.[9] 하지만 인터넷을 오해하거나 오용하는 정치인과 시민들 탓에 원래 취지대로 미디어가 활용되는 경우는 극히 드물다.[10] 인터넷은 탄탄한 공적 영역을 민주화시키지도, 평등화시키지도, 창조하지도 못한다. 구텐베르크 인쇄술, 편지 쓰기(신문에 앞서 뉴스를 전하던 대중적 형식), 신문, 라디오, 텔레비전, 사진 보도 등 몇몇 사례를 들어봐도 어떤 것도 그런 일을 해내지는 못했다. 이들 매체는 저마다의 방식으로 목소리를 다원화하고 민주주의를 다면화하며 대화를 위한 공적 공간을 열어준다. 특히 인터넷은 우리가 막 탐색하기 시작한 새로운 통치 모델에 시사점을 제공한다. 단, 올바르지 않은 시스템을 지원하는 기능이 장착되지 않았을 때만 그렇다.

인류는 완벽한 민주주의 조건이라 할 만한 것을 한 번도 경험하지 못했다. 소규모 직접 민주주의에도 문제들이 있었다, 그 문제들은 스멀거리며 진화하여 더욱 복잡한 문제가 되었다. 왜냐하면 민주주의가 몸집을 부풀리며 다양한 형태로 진화했기 때문이다. 진화한 형태에는 직접적 대의 민주주의가 있다. 여기에는 의회, 합의, 자유, 사회, 숙의, 대통령제 등이 포함된다. 진화한 형태의 또 다른 예로, 투표는 하지만 선택에는 제약이 있는 전제적 형태의 민주주의가 있다. 민주주의를 정의하기가 계속 불가능했다는 것, 그리고 민주주의를 작동하기가 항상 어려웠다는 것은 사실 정상적 상황이다. 그럼에도 우리는 늘 성급하게 가정해왔다. 까마득한 집단적 과거의 어디에선가, 어떤 식으로든, 누군가가 제대로 된 민주주의를 실현했으며, 지금의 우리는 운이 다한 존재로 남겨져 영광스러웠던 민주주의의 잔재 속에 연명하고 있다고 말이다.

나는 이러한 이론적 기대로부터 출발해 정치의 가정법적 양식을, 민주주의의 잠재적인 환영을 벗겨내고자 한다. 과거 민주주의의 유령을 추적하고, 미래 민주주의의 꿈을 따라갈 것이다. 두려움, 희망, 그리고 잃어버린 기회들을 기록할 것이다. 또한 다른 이들과 함께 후회와 향수의 길을 여행한 후, 그 후회와 향수의 감정을 무언가 다른 것을 찾아 나설 창조적 감정으로 바꿀 것이다. 학자이자 극작가인 스베틀라나 보임(Svetlana Boym)은 향수의 미래에 대해 고심하다가, "우리 모두는 향수에 젖지 않았던 시절에 향수를 느낀다."라고 천명하였다.[11] 나는 그런 시절로 돌아갈 방법을 찾는 데는 관심이 없다. 그 대신 나는 사람들을 불러 모아 '민주주의란 무엇인가?'라는 근본적 질문으로 되돌아가게 했다. 이 질문을 제기하기는 했지만, 나는 우리가 향수로부터 탈출할 수 없음을 알고 있다. 다만 향수와 연결된 의식을 자극하여 사람들과 함께 민주주의의 정의에 관한 대화를 나누고 싶었다. 우리의 대화에는 다음의 질문들이 포함된다. 민주주의는 무엇인가, 민주주의는 무엇이었던가, 민주주의는 무엇이 될 수 있을까.

군중은 어떻게 대중으로 바뀌고, 한나 아렌트의 말을 살짝 비틀자면, 대중은 어떻게 민주주의로 변모하는 것일까?[12] 민주주의는 대체 무엇이며 이는 측정 가능한가? 이 세상에서 민주주의는 정말 가능할까? 이 책의 대화를 통해 개념과 이상으로서의 민주주의를 논의하고자 한다. 민주주의의 핵심은 평등과 자유 개념, 즉 자율성이다. 타인의 권리를 무시하지 않고, 우리 자신의 권리를 제약하지 않는 자유 말이다.[13] 이것이 민주주의의 약속이다. 그런데 이것은 실현가능한 약속일까? 바뀌어야 하는 건 우리인가 아니면 민주주의인가? 예비 조사에 의하면, 응답자 대부분은 민주주의 조건에 확신을 갖고 있다. 이를 실현시키는 것은 정부의 능력이지만 이에 대해 사람들은 심각한 의구심을 품고 있다. 정부 역할에 대해 회의론이 커지면 표를 행사하는 사람조차 투표의 의미에 의문을 품게 된다.

민주주의 역사의 많은 부분이 투표권에 초점을 두고 있다. 일단 투표권을 획득하고 그것에 평등하게 접근하게 되자, 시민들은 그것으로 충분하지 않다는 것을 알게 되었다. 시민들은 오랜 기간에 걸쳐 자신들을 대변할 수 있는 선택을 하기 위하여 정보와 정보 해석 도구에 대한 평등한 접근을 요구했다. 투표권은 필요조건일 뿐 충분조건이 되지는 못했던 것이다. 정보에 입각한 투표권은 현대의 모든 민주주의가 보장해야 하는 조건으로 떠오르고 있다. 나의 대화 상대자들도 잘못되거나 부정확한 정보와 왜곡되거나 신념을 조종하도록 기획된 정보를 구분해 언급하곤 한다. 그들은 자신들이 시민으로서 살아가야 할 시민적 환경이 그 두 가지 때문에 오염되는 상황에 실망하는 모습이다. 이들과의 대화가 무르익어 가면 지속적으로 반복되는 주제들이 있다. 평등, 발언권, 접근권, 투표 등이 그것이다.

이론과 일상 대화를 바탕으로 나는 이들 응답을 민주주의에 대한 질문으로 통합하였다. 여기에는 자유의 구조, 기회의 평등이 갖는 의미, 모험으로서의 자유, 공유된 환상, 꾸며낸 연기. 포퓰리즘의 침투, 민주적으로 공유된 기술의 현황 등 수많은 요소들이 망라된다. 지금부터는 민주주의가 가진 것, 가져야 하는 것, 가질 수 있었던 것이 무엇인지에 대해 이야기를 나누면서 등장했던 주제들을 살펴보겠다. 민주주의에 관한 수많은 가정적 질문들을 앞에 두고 여러 개의 목소리와 다중적 문화가 뒤섞인, 지리적으로 떨어져 있으나 상호연결된 그런 대화를 나누면서 등장했던 주제들이다.

침묵과 소음

대화 상대와 이런 저런 잡담으로 분위기를 조성한 후 나는 "민주주의란 무엇인가요?"라고 질문을 던진다. 그러면 십중팔구 침묵과 맞닥뜨린다. 조금 전까지 나를 응시하던 시선이 먼 곳을 향한다. 향수 어린 미소를 짓는 사람도 있다. 고개를 끄덕이며 말없이 생각에 잠기기도 한다. 무슨 말도 안 되는 질문이냐는 듯 어이없다는 몸짓과 표정을 보이는 사람도 있다. 나는 이 침묵을 1차적 응답으로 중요하게 해석하고 싶다. 학자로서 우리는 말해진 것만을 기록하곤 하지만 말해지지 않은 것에도 호기심을 느낀다. 침묵은 해석되어야 할 하나의 신호이다. 다양한 기분, 성향, 혹은 태도를 나타내기 때문이다. 첫 인터뷰 상대였던 멕시코시티의 택시 기사 루이스는 말을 멈추더니 다시 입을 열기에 앞서 백미러를 통해 뒷자리의 나를 슬쩍 쳐다본다.

그리스의 난민 거주지에 사는 20대 중반의 아프가니스탄 청년 무자히드는 외국어를 배우러 다니는 학교의 교실에서 나와 마주 앉는다. 유럽 연합 난민 기금에서 지원하는 교육 프로그램이다. 나는 민주주의가 무엇이냐는 질문을 던지면서 스스로 바보 같다고 느낀다. 그의 가족이 아직 아프가니스탄에 있다는 얘기를 막 들었기 때문이다. 무자히드는 거기 남았다가는 탈레반에 합류할 수밖에 없어 떠났다. 합류하지 않는다면 죽임을 당하고 가족들도 위험한 처지에 놓이는 것이다. 그럼에도 그는 나와 민주주의에 대해 이야기하겠다고 자원했다. 내 질문에 일단 침묵으로 답하면서도 그의 눈빛은 슬픈 동시에 낙관적이다.

상트페테르부르크에서 벨라루스인이자 러시아인인 사진기자 발레리아를 만난다. 그녀는 사진작가이기도 해서, 주로 사진 공부에 빠져 있으며 머지않아 전시회를 열 계획이라고 한다. 발레리아는 네프스키 거리를 돌아다니며 사진 찍었던 얘기를 신나게 늘어놓는다. 파괴되었다가 재건된 이 유명한 번화가 거리는 이 도시의 핵심적 정체성을 품고 있다. 발레리아는 우연히 마주친 기타 얘기를 꺼낸다. 기타 한 대가 가로등에 기대어 있었는데 길에 버려진 것 같았다는 것이다. 니콜라이 고골은 네프스키 거리에 대해 유명한 글을 남겼다. "낮이고 밤이고 네프스키 거리는 사람을 현혹시킨다, 하지만 밤이 되면 더욱 심해져서, 악마가 가로등을 밝히면 모든 것이 거짓 색깔을 입는다."[15] 앞서 말한 그 기타는 발이 묶인 것처럼 서 있다가 발레리아가 사진을 찍기 시작하자 행인들의 관심을 끌어당긴다. 사람들이 기타에 다가가 그것을 살펴본다. 발레리아는 사진을 더 찍지만 주인으로 보이는 사람은 없다. 발레리아가 자리를 뜰 무렵 누군가 달려가 기타를 낚아채는 모습이 그녀의 눈꼬리 너머로 흘깃 잡혀온다. 그 사람이 기타 주인이었는지는 분명하지 않지만, 사진에 찍힌 덕분에 기타 가치가 높아졌다는 점만은 분명하다. 하나의 배경처럼 이 이야기를 들은 후 나는 질문을 던진다. "그래서 민주주의란 무엇인가요?" 웃음이 터지고, 생각에 빠지며, 이어서 침묵.

이 침묵은 내가 여행하고 대화를 이어가는 내내 나를 따라다닌다. 독일의 실직자 게이머 마티아스, 베를린에서 만난 터키 이민자 출신 운전사 아라스, 드레스덴에서 인터뷰한 서비스직 노동자 바버러가 내 앞에서 침묵했다. 베를린과 드레스덴은 상실, 쟁취, 재건이라는 영욕의 역사를 지닌 도시들이다. 첫 번째 질문에 뒤따르는 침묵이 한 지역의 특징이 아니라는 게 곧 분명해진다. 어느 지역에서든 첫 반응은 침묵이다. 미국에서는 사람들이 멈칫하고 생각에 잠겼다가 "흐음, 민주주의가 무엇이냐고요?"라고 되묻는다. 러시아에서는 신경질적으로 웃어대는 사람도, 정색하고 바라보는 사람도 있다. 그리스인들은 의무감 같은 걸 지닌 채 민주주의를 정의하려 든다. 그들은 현재 자신의 어깨 위에 올려진 역사의 무게를 느낄 때가 많으며, 이런 점이 일상적인 질문에 응답하는 그들의 태도를 규정하기도 한다. 중국에서는 진지함과 머뭇거림을 동시에 느낀다. 때로 날카로운 냉소가 나오기도 한다. 난민 캠프에서는 성격이 다른 침묵과 마주친다. 그것은 많은 것을 보았지만 다 아는 척하고 싶지는 않은 사람들에게서 나오는 침묵이다.

침묵은 다양하다. 준비된 답변이 없거나 관심이 없음을 가리키는 것은 분명 아니다. 의견이 없다는 것도 아니다. 침묵은 많은 것을 뜻할 수 있다. 나의 질문에 대한 사람들의 침묵은 우선 긴 인류 역사 동안 민주주의를 정의하고 적용하는 데 우리가 겪어온 어려움에서 기인한다. 나아가 틀에 박힌 답변을 넘어서 정말로 가치 있는 무언가를 말하고 싶은 마음을 나타내기도 한다. 이런 침묵이라면 응답자들에 감사할 따름이다. 이에 덧붙여 침묵은 내가 던진 것과 같은 거대한 질문을 두고 사고하는 과정에서 나타나는 문화적 차이도 드러낸다. 그 침묵이 내게 묘한 매력으로 다가왔다는 점을 고백한다. 즉각적 답변이 없는 그 순간 나는 상대의 반응을 훔쳐볼 수 있다. 침묵 아래 숨은 것을 관찰하고 기록하고 해석하는 것이다. 기다리는 가운데 나는 몸짓, 눈동자의 움직임, 얼굴의 미세한 떨림, 자세 변화 등 감정 표현을 지켜본다. 침묵을 관찰하고 해석할 수 있다는 건 하나의 특권이다.

우리는 침묵을 특정한 입장의 거부나 부재로 성급하게 못박아 얘기하곤 한다. 또한 오랜 침묵은 무관심이라 치부한다. 사회과학자들은 침묵이 억압을 전달한다고 말하기도 한다. 그러나 정치적 문제에서 침묵을 편하게 해석하자면 기권, 부재, 무관심으로 여겨진다. 예를 들어 투표 기권도 침묵이다. "저는 의견을 제시할 권리, 불평할 권리를 가졌으므로 투표하러 갈 거예요."라고 제시카는 외친다. 투표에 참여하는 사람들의 숫자가 줄어드는 건 전 세계적 현상이며, 우리는 투표에 참여한, 목소리 지닌 대중과 투표에 참여하지 않은, 무관심한, 무심한, 그래서 목소리 없는 대중을 구분한다. 그럼에도 침묵은 하나의 의견이다. 수많은 해석이 가능한 하나의 표현이다. 그것은 선택해야 할 것이 한정된 범위 안에서 미리 정해진 국민투표나 여타 선거에는 딱 들어맞지 않는 하나의 의견 표현인 것이다. 또한 그것은 정치를 대하는 하나의 자세이다. 의견 부재는 실상 정치적 입장의 표현인 것이다. 그것은 거부, 불만, 분노, 망설임을 표명한다. 이 모든 것들이 메시지를 전달하는 유효한 정치적 입장이지만, 전통적인 민주주의 과정과 정치 운동에서는 무시를 당하는 입장이기도 하다. 왜냐하면 침묵을 이용하지 않고 목소리 내어 투표하는 이들에게만 관심을 쏟는 전통이 훈련에 의해 공고화되었기 때문이다. 하지만 침묵은 목소리만큼이나 중요하다. 습관적으로 우리는 소리가 있어야 들으려 하지만, 이제 우리의 귀를 훈련시켜서라도 침묵을 듣고, 침묵을 관찰하며, 침묵 뒤에 놓인 것을 해석하고, 특히 침묵을 정치로 간주하는 법을 배워야 한다.

무엇이 이러한 침묵을 불러일으키는가에 대해서는 수많은 학문적 이론이 있다. 현대 민주주의의 조건이란 화두는 정치인, 미디어 분석가, 대중에게 흔해빠진 토론거리이다. 인터뷰 진행에 앞서 지난 저서에서 나는 학문적 관점과 대중적 관점을 종합하면서 대부분의 민주주의를 특징짓는 다섯 가지 조건을 밝힌 바 있다. 우선 과거 정치 참여 형태에 대한 향수가 있다. 이는 흔히 과거의 공적 영역을 이상화하는 수사적 표현으로 치장되어 있다.[16] 다음으로 대의 민주주의 모델에 의해 시민 참여가 제한된다는 점이다. 이런 현상은 대중사회가 자본주의 경제에 의존하는 가운데 대의 민주주의가 작동되기 때문이다.[17] 셋째, 대의 민주주의 모델에서는 공적 의견이 투표를 통해 모아진다는 점이다.[18] 넷째, 정치 참여의 공식 통로를 통한 시민 참여가 계속 줄어들고 있다는 점이다.[19] 마지막으로 정치 및 대중매체에 대한 냉소와 환멸이 있다는 점이다.[20] 이들 다섯 가지 경향은 현대 민주주의를 특징짓고, 대중사회에서 시민이 참여하는 모습을 보여주며, 미디어를 종합방정식처럼 만들어버린다. 나는 20년도 넘는 예전에 이런 경향에 대해 처음 글을 썼다.[21] 이후로도 이들 조건이 거의 변화하지 않았으므로, 민주주의란 오늘날 무엇을 의미하는가에 대해 내가 어떤 대화를 나누든 이들 조건이 그 대화의 바탕을 이룬다고 보는 것은 중요하다.

침묵을 정치적 무관심으로 해석하는 경우가 많은 것은 과거에 대한 우리의 집단적 상상력 속에서 지금의 우리보다 훨씬 적극적인 시민들로 북적였던 시대를 떠올리기 때문이다. 하지만 과거 사례를 주의 깊게 살펴보면 과거의 시민들 역시 지금의 우리처럼 소극적이었을 뿐 아니라 민주주의의 조건에 혼란을 느꼈음을 알 수 있다. 과거 시민들은 민주주의의 조건을 사회 전반에 걸쳐 융통성 있게 협의되는 추상적 개념으로 기꺼이 받아들였다. 우리는 (침묵하는) 현대의 시민들을 수동적, 냉소적, 단절적이라 성급하게 해석한다. 실제로 그럴 가능성이 물론 크지만 이런 성향이 우리 시대에만 국한되지는 않는다.[22] 존재한 적 없는 과거 시민 시대에 대해 느끼는 향수는 결국 더 큰 환멸을 낳을 뿐이다.

하지만 수많은 사회연구자들이 민주주의의 역설이라고 부르는 현상이 우리 시대에 증폭되고 있다. 많은 사람들은 직접 민주주의가 제공하는 신속성을 원한다. 그러나 이런 신속성은 대규모 대의 민주주의에서는 부재할 뿐 아니라 불가능하다. 민주주의는 다원주의를 약속하지만 이를 대규모로 실현할 수는 없다.[23] 대의 민주주의는 다수결 원칙에 따라 의견의 동질성을 강화하지만, 바로 이 점 때문에 사람들의 목소리는 진실하고 순수한 의미의 다원성을 가지지 못하게 된다. 시민 참여가 가능하다지만, 대부분의 민주주의는 순수한 민주주의라기보다는 타협적인 형태이다. 독일에서 나는 포위, 해방, 재정의의 역사를 거친 두 도시 드레스덴과 베를린을 돌아다니며 사람들과 만났다.

드레스덴 사람들은 2차 세계 대전 동안 도시가 완전히 파괴되었다가 재건되는 과정에서 문화적 정체성이 어떻게 보존되었는지 설명한다. 같은 시기에 비슷한 파괴와 재건을 거친 상트페테르부르크에서 내가 겪은 경험과 통하는 얘기도 있다. 드레스덴 사람들은 자기네 도시가 동쪽으로 너무 멀리 떨어져 있어서 베를린 사람들이 즐겨보던 서구 TV 방송을 잡을 수 없었다고 농담한다. 대화가 무르익어가자, 그들은 타협에 대한 불만과 타협의 필요성 사이를 왔다 갔다 하며 얘기를 이어간다. 그들은 타협이 민주주의에 대한 모욕인 동시에 조건임을 본능적으로 이해하고 있다. 일상적 정치에 대해 얘기하면서 그들은 극단주의적 관점이나 민주주의 원칙에 어긋나는 관점을 포용할 수밖에 없는 타협에 대해 분명 못마땅해 한다. 독일에서 사무직원으로 일한다는 레노라는 타협이 민주주의에 중요하다고 결론을 내린다.

대의 민주주의를 주도하는 타협 과정은 여론 조사 문화에 의해 보강된다. 시민들의 생각을 쉽게 측정하기 위한 여론 집계 방식은 특정 시각을 부풀리면서 다른 시각에 불이익을 주며, 되돌리기 어려운 거짓 정보와 왜곡된 정보로 우리를 이끈다. 최근의 선거와 국민투표에서 여러 차례 목격한 대로 말이다.[24] 정치학자 수잔 허브스트(Susan Herbst)는 오래 전 이를 "수치화된 목소리(numbered voices)"[25]를 생산하는 과정이라 표현했다. 허브스트의 설명에 의하면, 여론 조사는 개성, 세부사항, 공공 문제에 대한 개인적 견해의 진정성 등을 희생시키면서 사전에 결정된 집계 가능한 질문응답 상에 시민의 의견을 집중시키는 방식이다. 시민들에게 주어진 질문의 종류와 응답의 범위가 한정되어 있으므로 시민의 참여는 덩달아 제한된다. 사람들을 깊이 숙고하도록 유도하는 대신 질문에 대한 찬반 의견만 밝히길 요구하는 이런 방식은 사람들을 로봇과 다름없는 존재로 전락시킨다. 여론 조사는 2016년 미 대통령 선거 결과 예측에 실패했고 그렉시트 국민투표에 이어 브렉시트 국민투표 결과도 제대로 예측하지 못했다. 대중의 마음속에 있는 것을 이토록 단순한 방법으로 드러내려 하는 한 그 어떤 정교한 미시 통계 모델로도 정확한 예측은 불가능

하다.[26)]

그럼에도 미디어와 정치인들은 정치적 결정을 정당화하기 위해 여전히 여론 조사에 의존한다. 이런 고집은 미디어, 정치인, 대중 사이의 거리를 더 벌릴 뿐이다. 정치적 선전을 정당화하는 데 이용될 뿐인 여론 조사에 왜 참여해야 하는가? 미디어와 정치가에 대한 냉소는 여론의 부당한 악용을 통해 강화되고 재생산된다. 냉소주의에 대한 연구가 오래 전부터 밝혀왔듯이, 정치인과 미디어가 채택하는 언어, 꾸밈없는 직접적 보도 대신 내부자의 행위에 초점을 맞추려는 보도 경향 등은 돌이킬 수 없는 회의론을 낳게 된다.[27)] 냉소주의는 무력하고 제한된 참여 기회를 감추기 위한 하나의 보여주기식 자세 또는 가면으로 나타나는 경우가 많다.[28)]

따라서 나의 첫 질문 "민주주의란 무엇인가?"가 맞닥뜨린 침묵은 민주주의에 대한 어떤 질문에든 동반되는 향수, 환멸, 냉소의 긴 과정이 낳은 결과이다. 그것은 오랫동안 무시당해온 침묵이며, 관심을 보여주거나 경청해 줄 사람이 거의 없는 상황이 만들어낸 침묵이다. 마지막으로 그것은 인터뷰 환경을 둘러싼 소란스러운 분위기를 일시에 정지시키는 침묵이기도 하다.

이러한 침묵을 하나의 상징적 진술로서 더욱더 강력하게 만들어주는 현재 순간의 소음은 무엇일까? 그것은 내가 이 책을 쓰도록 하고 방문할 국가들을 선택하도록 이끈 요소들이기도 하다. 그리스의 경우 이러한 침묵을 둘러싼 소음은 민주주의를 가장 먼저 창안하고도 가장 짧게 실행했던 오래된 역사이다.

그리스의 소음은 지난 10년 동안 총리가 여섯 차례나 바뀌었고, 매번 유럽 연합 관료들이 지명한 후보에게 대중이 마지못해 표를 줘야 했던 나라의 소음이다. 영국의 경우 침묵을 둘러싼 소음은 유럽연합 탈퇴라는 복잡한 질문을 던지면서 더 깊은 여타의 사회 문제를 가리고자 했던 야심찬 정치인들의 소음이다. 그들은 예-아니오 식의 응답을 요구한 가운데 예상치 못한 결과를 받게 된다. 그러자 그들은 여태 타고 왔던 배를 버리게 되고, 새로운 선장들이 승선하여 협상이라는 불가능한 항로로 배를 돌리게 된다.

독일의 경우 이 침묵은 외견상 부유하고, 파산한 유럽 연합 파트너 국가들에게 여러 번의 긴급 구제금융을 제공함으로써 유럽 연합에 자국의 금융 정신을 부과하는 국가의 소음이다 이 부유함 뒤에는 낮아진 급여, 줄어든 복지, 여전히 지속되는 동과 서의 문화 격차, 외국인 혐오, 네오파시즘의 유령, 중도 정치를 유지하기 위해 극좌와 극우 사이에서 값비싼 타협을 이루고 있는 총리가 있다. 미국은 이전의 어느 때보다 네트워크가 잘 구축되어 있지만, 그 네트워크를 통해 오가는 이야기들에 의해서 여전히 절연되어 있다. 정체성이 불분명하고 미래가 불확실한 미국은 다른 나라들의 과거 모습에서 관찰했을 뿐인 어떤 상태, 자신은 결코 겪지 않으리라 여겼던 바로 그 상태에 스스로 빠져들게 되었다. 브라질은 총리들이 연달아 사기죄로 기소되는 고통을 겪고 있다. 기소인과 피기소인 모두 자기네 정치적 경력의 어느 시점에선가 사기를 저지르는 지경에 이른 상황이다.

내가 인터뷰를 진행하는 동안 멕시코는 재임 중 인기영합적인 미사여구로 대중을 호도하고 실망만 남긴 지도자를 퇴출하기 위한 선거가 예정되어 있었다. 러시아는 블라디미르 푸틴의 나라로서, 푸틴은 권좌에 오르기까지의 과정을 차치하더라도 세계 도처에서 악마로 여기는 지도자이다. 개혁을 이끌며 좋은 평가를 받았던 미하일 고르바초프는 얼마 가지 않아 사임 혹은 퇴출로 사라졌고, 뒤를 이은 보리스 옐친은 재임 중 마피아가 장악하고 범죄율이 늘어나는 대중 국가를 남겼다. 응답자들 중 누구도 푸틴이 권력을 잡게 된 방식을 눈감아주지 않았지만 동시에 모두들 푸틴 이전의 러시아가 어떤 모습이었는지 분명히 기억하고 있었다. 중국은 서구 국가들이 독재 체제라 여기는 또 하나의 나라이다. 중국의 응답자들은 소위 민주주의 맥락 하에서 자신들에게 주어진 제한된 선택을 깊게 이해하고 있었다. 여기서 우리는 자문해보아야 한다. 서구 민주주의 사회에서 주어지는 선택지들이 과연 훨씬 더 다양할까? 마지막으로 난민들이 떠나온 국가들이 있다. 이 국가들은 모두 서구 민주주의 세계가, 자유와 이익을 명분삼아, 간섭하고, 뒤죽박죽 헝클어놓고, 사람들의 삶을 파괴하고, 자원이 떨어지자 짐을 싸서 떠나버리고, 뒤에 남겨진 사람들이 도저히 살아갈 수 없는 조건을 남기고, 나아가 그 사람들이 이 세계 어디에서, 어떻게 피난처를 찾아야 하는지에 관한 문제에도 제약을 가해버린 그런 국가들이다. 이것이 소음이다. 이 모든 소음의 한복판이라면 당신도 침묵의 순간을 원하지 않겠는가?

익숙함과 모호함 생각에 잠긴 침묵이 지나가고 나면 응답자들은 민주주의의 의미에 대해 익숙한 표현을 늘어놓기 시작한다. 고등학교나 대학 교재에 나온 정의를 되풀이하거나, 유명한 구호를 재생하거나 항간에 떠도는 말을 가져오기도 한다. 모로코 난민 크릴리드는 민주주의란 국민이 선택하고 투표하는 규칙에 관한 것이라 말한다. 그리스 출신 니코스는 동등한 조건에서 발언하고 경청받을 수 있는 인간의 기본적 권리에 관한 것이라 말한다. 알바니아 난민 제니는 '자유'와 '투명성'이라는 말을 가장 먼저 떠올린다. 뉴욕의 드루는 포용, 존중, 공유되는 가치에 관한 것이라고 설명한다. 아프가니스탄 난민 무자히드는 다수결 원칙과 정의에 대해 말한다. 러시아의 빅토르는 민주주의란 사고와 발언의 자유에 관한 것이라 덧붙인다. 자신이 교과서의 정의를 반복하고 있다는 점을 깨달은 캐나다의 네이션은 "민주주의는 제가 숨 쉬는 공기 같은 거예요."라고 결론짓는다.

민주주의에 대한 시민들의 이해는 자유, 평등, 박애를 바탕으로 한다. 이를 일상에 적용하면 기본 인권과 시민권의 보호, 기회와 발언권의 평등, 공정하고 투명하며 다수를 대표하고 공동선을 보호하려 하는 의사결정 원칙을 상기할 수 있다. 이런 개념들은 소규모 집단 내의 상호작용에 대해 생각할 때는 아주 간단하게 보인다. 소규모 집단에서는 이런 안건이 등장해도 대화를 통해 신속하게 처리되는 일이 많다. 그러나 대의 민주주의에서 의견불일치를 해결하기 위해 자주 동원되는 방법으로 숙의가 있기는 하지만, 위의 안건 같은 경우에 숙의는 과잉대응으로 간주될지도 모른다. 민주주의의 규모, 맥락, 복잡성이 증가하면 자유, 평등, 박애에 접근하지 못하는 사람들이 생겨난다. 기본권 보호, 평등한 접근, 투명하고 공정한 대표성이라는 개념은 서로 겹치면서도 구별되는 요소들을 함유하고 있는데, 그 차이점은 해소하기 어려울 때가 많다. 민주주의는 차이를 봉합하여 더 큰 선(善)이 유지되도록 보증하는 하나의 방법이다. 하지만 그리스 로마 시대의 작은 공화국들도 이러한 갈등을 피할 수 있을 만큼 단순하지 않았고, 오늘날의 더 큰 공화국들은 부활한 듯 나타난 현대판 차이점들과 여전히 씨름하는 중이다. 정치 이론가 셸던 월린(Sheldon Wolin)은 "민주주의는 복잡한 사회에서는 너무 단순하고 단순한 사회에서는 너무 복잡하다."라고 썼다.[29] 나의 인터뷰 대상자들은 민주주의를 꿈꿀 때 우리 모두가 공유하는 희망 찬 생각이 반영된 익숙한 용어를 사용한다. 하지만 그 익숙함 아래에는 여전히 모호함이 자리 잡고 있다.

에콰도르 출신으로 그리스에 거주하는 크리스티나는 산책로를 걸으며, 민주주의는 상황에 따라 끊임없이 제한되므로 실제로는 존재하지 않는다고 말한다. 그러면서 에콰도르에서 자랐던 경험, 미국에서의 삶, 그리스 이주 이후의 삶을 비교한다. 놀랄 정도로 비슷하다. 그 모든 상황에서 민주주의는 존재하는 동시에 부재하는 것으로 나타난다. "민주주의는 당신이 원하는 어떤 모습이든 가능해요."라고 크리스티나가 말한다. 민주주의를 어떻게 작동시키느냐에 따라 민주주의는 우리를 제한할 수도, 우리에게 자율권을 부여할 수도 있다. 그리스 테살로니키 산책로에 보란 듯이 전시되어 있는 알렉산드르 대제 동상 옆에서 스케이트보드꾼들이 점핑 놀이를 하고 있다. 그 곁을 지나면서 나는 지구 반대편에서 이루어진 나의 첫 인터뷰를 떠올린다. 차가 몰리는 한낮의 시간, 멕시코시티의 번잡한 거리에서였다. 50대 초반의 택시 운전사 루이스는 민주주의가 무엇인가에 대해 실질적인 대답을 결코 주지 않았다. "민주주의가 무엇이냐고요?"라고 되물은 다음, 무엇이 민주주의가 아닌지를 길게 논의했다. 소수 특권층만이 권력에 접근할 수 있는 건 민주주의가 아니다,

정당 수가 너무 적어도 민주주의가 아니다, "권력이 불과 몇 명의 손아귀에 배분되는 것"은 민주주의가 아니다 등등. 루이스는 정부에서 이 자리 저 자리 꿰차느라 왔다 갔다 할 뿐, 구식의 낡은 관습을 실질적으로 바꾸거나 재구축하지 못하는 사람들에 대해 말했다. 그러고는 다음과 같은 결론에 도달했다. "겉으로 보기에는 민주주의지만, 그렇게 느껴지지가 않네요."

나의 대화 상대자들이 민주주의 핵심 개념을 넘어서면 모호함이 퍼져나간다. "그건 민주주의라 불리긴 하지만 실상은 아니에요.", 이것은 내가 크릴리드로부터 얻은 마지막 말이다. "모든 건 정부가 어떻게 하는지에 달려 있죠."라고 시리아 출신 루시안이 말한다. 여러 언어와 다양한 음성으로 이루어진 증언들은 니코스가 덧붙인 다음 말로 집약된다. "서류상으로는 민주주의가 있죠. 하지만 우리 시대에는 민주주의를 얻기가 어려워요." 모두가 민주주의가 무엇인지 아는 듯하지만 민주주의가 존재한다고 여기는 사람은 아무도 없다. 어느 순간이 지나면서 나는 민주주의가 잘 살아있다고, 어떤 좌표에 존재할 수 있다고 말해 줄 사람을 과연 만날 수 있을지 걱정하기 시작한다. 알바니아 난민 제니는 "민주주의는 이상적이어야 하지만 실제는 그렇지 않아요."라고 말하고, 그리스의 디미트리스는 민주주의가 멋진 아이디어이긴 하지만 현실에 존재하지 않는다고 설명한다. 민주주의 성취를 어렵게 하는 방식으로 우리 모두가 민주주의를 정의하고 있는 것인지 아니면 민주주의가 계속 도망가고 있는 세계에 우리가 살고 있는 것인지—어쩌면 양쪽 모두가 아닐까, 하고 나는 메모한다.

며칠 뒤 파키스탄 난민 우즈마와 이야기를 나누게 된다. 우즈마는 민주주의가 어떤 모습이어야 하는지를 아주 예리하게 이해하고 있다. 우즈마가 나에게 얘기한 것은 자신에게 영향을 미치는 정책에 대해, 자유로운 선택에 대해, 누군가를 자리에 앉힐 수 있을 뿐만 아니라 그가 공공선을 제대로 수행하지 못했을 때 내쫓을 수 있는 권리에 대해 동의할 수 있는 가치에 관한 것이었다. 하지만 공공선을 구성하고 있는 것은 정확히 무엇인가에 대한 이해와 포퓰리즘적 약속이 점점 더 혼동되고 있다는 우려를 표한다. "사람들은 명성을 추구하죠. 그리고 과반수가 그들을 뒤따릅니다." 우즈마가 영어로 말한다. 파키스탄 출신의 또 다른 난민 우마이르도 함께 앉아 있다. 그는 포퓰리즘이 얼마나 만연해 있는지를, 후보들이 자신을 뽑아주면 일자리와 번영을 안겨주겠다는 공허한 약속에 유권자들이 얼마나 쉽게 넘어가는지를 얘기한다. "투표할 때는 국가의 발전에 대해 생각해야지, 자신만을 위해서는 안 되죠."라고 우즈마는 마지막으로 얘기한다. 포퓰리즘은 내가 세계를 돌며 대화를 나누는 동안 끈질기게 반복된 화두이다. 나는 인간이 어떤 형식의 주관적 자유의지이든 그것을 포기하고 공동선을 추구하는 게 정말 가능한 일인지 궁금해진다.

인터뷰 기록을 정리하며 대상자들의 답변에서 공통 주제를 찾고 있자니 셸던 월린이 말한 '도망치는 민주주의(fugitive democracy)'라는 표현이 계속 떠오른다. 월린에 의하면 '정치적'이란 자유 사회가 차이에 의해 만들어지기는 했지만 공동체의 복지를 위한 숙의를 통해 여전히 공동선을 추구할 수 있다는 믿음에 관한 것이다. 반면 '정치'는 권력과 자원에 대한 불평등한 접근 상황에서 대중이 벌이는 경쟁이라고 했다. "정치는 계속 이어지고 끊임이 없다. 그러나 정치적인 것은 드물고 기껏해야 가끔 일어날 뿐이다"라고 월린은 말한다.[30] 그렇다면 내가 만난 사람들 대부분은 정치라는 틀에 갇혀 있을 뿐 정치적인 것은 거의 경험하지 못한 셈이 된다.

월린은 민주주의가 정치적인 것의 여러 변이 중 하나이고 우연히도 가장 많은 사람들이 공유하는 아이디어가 되었을 뿐이라고 덧붙인다. 월린은 민주주의를 통치 형태의 하나로 정의하기를 거부하고 대신 '평범한 시민들의 정치적 잠재성, 즉 공동의 관심사를 스스로 찾아내고 이를 실현하기 위해 행동할 수 있는 정치적 존재로 거듭날 가능성과 관련된 프로젝트'라고 설명한다.[31] 그렇다면 민주주의란 무엇인가라는 질문에 대해 내가 얻은 답변들은 각 개인이 그러한 생각을 가정의 형태로 표현한 집단 상상처럼 보이기도 한다. 민주주의를 통치 형태로 이해할 경우에는 그것을 작동하는 것이 큰 문제가 된다. 민주주의는 정치적으로 되는 방법이자 인간으로 존재하는 방법이다. 그러므로 민주주의가 존재하는 동시에 부재하고, 추상적이자 실현불가능하다는 얘기는 자연스럽다. 또한 세계 어디에서든 등장하는 화제이지만 막상 민주주의가 실행되는 지역을 찾기가 어려운 것도 자연스럽다. 왜냐하면 "민주주의는 그런 정치가 어디에 위치하는가 하는 장소의 문제가 아니라 그것이 경험되는 방식의 문제"이기 때문이다.[32] 이 진술은 월린이 이론이나 민주주의의 과거 상태 양쪽 모두를 빈틈없이 면밀하게, 그러나 간결하게 개관한 다음 다다른 결론이다. 이 진술은 월린이 가볍게 던진 것이 아니다. 애석하게도 그는 '도망치는 민주주의'라는 멋진 구절의 정확한 정의를 제시하지 않는다. 그리하여 우리는 과연 민주주의가 경계를 넘어 사고하고 행동하게끔 우리를 도와줄 수 있을까에 대해 우리 스스로 생각해야 한다. 그러나 월린은 그 구절과 나란히 애덤 퍼거슨(Adam Ferguson)이 『시민 사회의 역사에 관한 에세이(An Essay on the History of Civil Society)』에 쓴 "민주주의는 무질서와 혼란 상황에서 되살아나는 것 같다."라는 문장을 인용한다.[33] 영국의 젊은 프리랜서 언론인 대프니도 나와 인터뷰를 하다가 이러한 일련의 생각을 확인해주듯 "민주주의는 부러졌어요."라고 불쑥 내뱉는다.

민주주의는 번성하는 상태이며 평화를 가져온다고 우리는 늘 가정해왔다. 시민으로 성장하는 과정에서 우리는 민주주의란 최소한 평형을 이룬 상태라는 인식을 공유한다. 하지만 내가 나눠본 대화에서는 이런 인식이 거의 없다. 민주주의는 늘 무질서나 혼란과 관련되고 거기서 벗어날 길을 제시해 줄 필요도 없다. 민주주의는 침묵, 소음, 지속적인 모호함과 관련된다. 어쩌면 민주주의는 도망치는 영혼을 지녔는지도 모르겠다. 어쩌면 민주주의는, 내가 애초에 발견하려고 했던 것처럼, 통치 형태가 아니라 존재의 방식으로 이해되는 게 최선인지도 모르겠다.

평등

투표에 대한, 기회에 대한, 의견 표현에 대한, 교육에 대한, 선택에 대한, 자유에 대한 평등한 접근 권리는 응답자들이 민주주의의 의미에 대해 고심해서 대답할 때 판에 박힌 듯 따라 나온다. 일단 처음의 침묵에서 벗어나게 되면 사람들은 늘 도망쳤던 민주주의의 모호함을 건드리기 시작하다가, 첫 번째로 털어놓는 복안이 바로 평등이다. 민주주의는 도망치는 중이므로 시민들이 평등을 민주주의의 중심부에 갖다놓고 거기에서 안정을 찾으려 하는 것은 그럴 법한 일이다. 민주주의에 관한 질문을 두고 길게 이어진 답변 멈춤 현상은 불확실성, 사려깊음, 각성을 나타낸다. 공식화된 정의를 잘 알고 있으면서도 동시에 그것을 뛰어넘으려는 경향은 늘 도망칠 것 같은 이상을 정의해야 하는 어려움을 드러낸다. 이런 대화에 이어, 평등은 민주주의의 취약성을 보호해줄 수 있다는 얘기가 나오는 것은 자연스런 논리적 흐름일 것이다. 그리하여 평등은 우리가 민주주의를 최소한 인지하고 있음을 알려주는 1차적 조건으로 부상한다.

'평등'이 무엇을 의미하는지 설명하기 위해 인터뷰 대상자들은 거대하고 다양한 의미를 가진 개념을 여러 개 끌어온다. 평등과 흡사한 개념으로 자주 거론되는 것이 '표현의 자유'이다. 평등은 자유를 제하고는 상상될 수 없다는 분위기다. 하지만 평등과 자유가 민주주의 안에서 어떻게 공존할 수 있는지 설명할 때는 모두가 합의나 다수결 원칙에 의존한다. 러시아의 빅토르는 민주주의란 자유롭게 생각하고 자유롭게 말하는 것이라 한다. 알바니아의 피오나는 민주주의가 자유에 관한 것은 맞지만, 정당한 목적이 있어야 한다고 설명한다. 그게 무슨 뜻이냐고 내가 묻자, 피오나는 존재하고, 깨어있고, 중요한 일에 관심을 표명하며, 중요한 문제에 신중한 선택을 내리는 것에 대해 말을 이어간다. 미국의 드루는 평등이라는 개념을 일련의 일반적 가치들에 대한 존중에 즉각 연결시킨다. 러시아의 시멜라는 자신이 자란 문화적 환경에서는 항상 불가능했던 표현의 자유가 가장 중요하다고 말한다. "자유롭게 자신을 표현할 수 있다는 건 중요하죠. 물론 그걸로 충분하지는 않지만요."라고 시멜라는 덧붙인다.

　이러한 응답들은 민주주의 무대에 너무나 흔하게 나타나 이제는 익숙한 후렴구처럼 되어버린 평등과 표현의 자유라는 노랫말에 맞춰 춤을 춘다. 민주 사회 시민으로서 우리는 자유롭게 말할 수 있지만, 그렇게 하는 가운데, 남들도 똑같이 자유롭게 말할 수 있는 권리를 제한하지 않을 의무를 진다. 그러므로 우리는 모두 동등하게 표현의 자유를 가져야만 한다. 설사 표현의 자유는 우리의 말이 타인의 권리를 침해하지 않도록 한 번 더 생각해야 함을 의미한다 하더라도 그래야만 한다. 그런데 인터뷰가 자유에 대한 평등한 접근을 모든 이에게 보장할 수 있는 범위를 어떻게 규정하느냐의 문제에 봉착하면, 한 사람이 품는 자유에 대한 열망은 존중받고자 하는 타인의 기대와 충돌하기 십상이므로 대화가 복잡해지고 만다. 우리는 평등과 자유를 한꺼번에 떠올리곤 하지만 대화를 하다보면 이 두 개념이 서로를 제약할 때가 많다는 점을 깨닫는다. 평등은 자유의 필요조건이라고, 혹은 그 반대로 가정해보지만, 결국 둘 다 필요하긴 하되 충분하지는 못하다는 것을 알게 된다. 시민으로서 자유롭게 행동하면 그 행동을 통해 필연적으로 불평등이 생겨난다. 마찬가지로 모두를 평등하게 대하면 남들의 자유를 위협하는 관점에 특전을 베푸는 것일 수도 있다. 평등은 공정, 등가, 평등주의 등 여러 가지 유사 개념과 혼동될 수 있다. 평등한 것이 늘 공정하지는 않으며, 공정한 것은 맥락에 따라 달라질 때가 많다. 평등은 차이를 보장하지 않으며, 자유 또한 마찬가지로 그러하다. 게다가 풍성한 자유는 더 풍성한 다원화를 이끌지만, 반드시 더 좋은 민주주의를 가져

오는 것은 아니다.[34)]

정치학자와 철학자에게 자유와 평등 개념의 충돌은 새로운 문제가 아니다. 사실 전통적인, 그래서 어쩌면 더 보수적인 철학자와 정치학자들은 자유와 평등을 반대 개념으로 여기기도 한다. 우리가 일상생활에서 이 둘을 동반 개념으로 떠올리는 것은 참으로 흥미롭다. 철학자 이사야 벌린(Isaiah Berlin)은 자유와 평등 사이의 도덕적 갈등을 "인간의 삶에 내재적인, 제거 불가능한 요소"로 여겼다.[35)] 그 갈등은 인간이고자 하는 우리가 피할 수 없는 투쟁의 한 부분인 것이다.

이 책은 우리 사회가 자유, 평등, 민주주의를 정의하고 실천하는 방식에서 드러나는 도덕적 갈등을 철학자들이 어떻게 파헤쳤는지를 다루는 책이 아니다. 사람들이 일상에서 이들 개념을 어떻게 이야기하는지에 관심을 둔 책이다. 하지만 이러한 질문들에 대한 답변을, 이러한 문제들에 대한 해결책을, 그리고 인류의 진보 과정에서 되풀이되는 갈등으로부터 벗어나는 통로를 공동체로서의 우리가 발전적으로 마련해왔음을 인식하는 것은 중요하다. 이 분야에서 이루어진 학문적 성과의 양은 경탄할 만하다. 예를 들어 정치인들이 제기하는 도덕적 갈등 문제 중 학자들이 논의하지 않은 것은 거의 없으며, 대부분의 경우 학자들이 해결한 바 있다. 우리 사회는 민주주의의 도덕적 갈등을 해결할 만한 지식을 생산했다. 다만 내가 진행한 인터뷰에서도 드러났듯, 여러 이유로 이 지식이 실천으로 전환되지 못했을 뿐이다.

평등의 문제는 새로운 것이 아니다. 하지만 시대별로 늘 새로운 맥락에서 제기되었고 사회문화적, 정치지리적, 경제적 조건에 따라 나름대로 의미가 정의되었다. 그렇지만 평등의 개념적 의미는 동일하게 유지되었고, 반면 그 사상은 고대, 중세, 농경에서 산업사회로의 전환기 등 몇몇 예에서 보듯 시대마다 서로 다르게 실천되었다. 우리가 평등권을 제대로 확보한 적은 한 번도 없지만, 시대의 문제에 맞추어 우리의 노력을 꾸준히 기울여왔다.

평등에 대해 연구한 철학자 엘리자베스 앤더슨(Elizabeth Anderson)은 평등과 자유를 둘러싼 우리의 복잡한 투쟁 과정을 검토한 뒤 설득력 있는, 동시에 현대적 삶의 방식과 연관된 답변을 내놓는다.[36] 앤더슨은 연구 경력의 대부분을 평등에 대한 전통적 이해를 분석하고 반박하는 데 할애했다. 앤더슨의 연구는 우리 시대와, 특히 이 책과 잘 연결되는데 이는 평등의 문제를 접근성의 관점 대신 가치의 관점에서 다루기 때문이다. 앤더슨의 설명에 의하면, 불평등에 대해서 수긍하기는 쉽지만 우리가 원하는 것이 어떤 유형의 평등인지를 확언하기는 어렵다는 것이다. 나의 인터뷰 대상자들은 평등을 민주주의의 출발점이라 생각한다. 순수 민주주의에서는 모든 사람들이 평등한 접근권이라는 공통 지점에서 시작한다고 가정하기 때문이다. 그러나 이러한 가정은, 앤더슨도 명확하게 밝히듯이, 불평등이 발생할 때 그것의 수정 메카니즘을 찾아낼 가능성을 제약한다는 점에서 우리를 고무시키기보다 제한한다.[37] 게다가 평등한 접근권은 출발점을 보장할 수는 있어도 결승선으로 가는 평등한 경로를 제시하지는 않는다. 이 세상은 셀 수 없이 다양한 방식으로 불평등을 겪고 차이를 보이는 사람들로 이루어져 있다. 공통 기준을 설정하는 것은 평등을 보장하지 못하며, 민주주의는 미리 정해진 평등의 틀에 모든 시민들을 끼워 맞추는 것이 아니다. 또한 현대 사회의 구성원들은 직장, 가정, 사회적 영역, 이익단체, 그 외의 다양한 공적, 사적, 혹은 혼합형 활동 영역 등 때로는 서로 겹치고 때로는 서로 구별되는 활동 영역 전반에 걸쳐 자유를 구가하면서 자신만의 차별적인 정체성을 주장한다. 어떤 전제라도 평등과 연관된 것이라면 현대적 정체성의 특징을 반드시 포함해야 한다. 『뉴요커』지에 실은 글에서 앤더슨은 자유와 평등에 대한 자신의 관점을 이렇게 제시한다. "교회에서 나는 이런 사람이고, 직장에서 나는 저런 사람이다. 집에 있거나 친구와 만날 때 나는 또 다른 사람이 된다. 이곳저곳 옮겨 다녀도 단 하나의 정체성을 갖지 않을 능력, 그보다 차라리, 삶의 영역마다 다른 정체성들을 유지하면서도 그때그때 적절한 가치와 규범을 슬쩍 채택할 수 있는 능력?…… 이것이 바로 자유로움이다. 차이를 제약으로 바꾸지 않으면서 이러한 다양성을 허용하는 사회를 어떻게 만들 수 있을까?"[38]

평등에 대한 우리의 기본적 가정이 우리를 잘못된 길로 이끈다. 우리는 평등을 민주주의와 연결시킨다. 이것은 틀린 가정이 아니다. 그런데 우리는 한 걸음 더 나아가 민주주의가 평등으로 이어진다고 상정한다. 이것은 틀린 가정이다. 평등은 가치를 공평하게 분배하는 데서 나온다. 바로 여기서 문제가 불거지는데, 가치는 언제나 주관적으로 규정되기 때문이다. 무엇이 가치 있는가에 대해 공동 이해에 이를 수는 있지만, 그렇게 해서 얻은 정의는 특정 시대의 규범에 대해 상황에 따른 민감한 반응을 보인다. 앞으로도 언제나 그러할 것이다. 가치, 평등, 민주주의는 우리 생각과 달리 모두 유동적인 개념이다. 그 개념들은 계속 바뀌어가기 때문에 영원하다. 뻣뻣이 고정되었다면 진화하지도 못했을 것이다. 인터뷰 대상자들 중 몇몇은 이 점을 인정하기도 한다. 금융을 전공했다는 미국인 닉은 침묵을 거친 후, 정치적 언급을 교묘하게 피하면서 민주주의 정의를 제시한다. 민주주의는 사람들을 더 낫게 만들기 위한 사회조직의 한 형태라는 것이다. 그리스인 약사 올가는 민주주의란 사람들이 일반적으로 공유하고 있는 가치 체계에 이르는 것이라 말한 다음, 그 과정은 이해를 위한, 재정립을 위한, 더 나은 것으로 가깝게 접근하기 위한 지속적 투쟁이라 설명한다.

'좋다'라고 하는 것, 혹은 '더 좋다'라고 하는 것은 고정되어 있지 않다. 그것은 시대, 상황, 사람들에 따라 달리 특정된다. 앤더슨은 우리가 더 이상 유효하지 않은 가치에 대한 이해를 바탕으로 사회, 민주주의, 일반 통치 체제를 운영하고 있다고 주장한다. 우리가 기대고 있는 첫 번째 미심쩍은 가정은 민주주의가 평등을 낳을 수 있다는 것이다. 그러나 그렇게 할 수 없다. 민주주의는 가치 거래 장치가 아니기 때문이다. 시장 사회는 가치 거래 장치이다. 따라서 시장 사회는 평등으로 통하는 길을 그려내고 민주주의를 강화할 수 있는 방식으로 가치를 정의하고, 배분하고, 할당하며, 확산시킬 수 있다.

나는 앤더슨이 윤리학과 경제학에서의 가치에 대한 초기 연구에서 처음으로 제시한 미묘한 주장을 단순화하고 있다.[39] 앤더슨은 다원주의와 가치를 조화시키는 것이 얼마나 어려운지를 시장에서의 괴리를 통해 설명한다. 시장은 한편으로는 값어치에 대해 상당 수준 고정된 이해를 바탕으로 가동되지만, 다른 한편으로는 가치를 주관적으로 판단하는 사람들의 행동에 의해 주도된다는 것이다. 나의 인터뷰 대상자들은 민주주의 안에서 자유와 평등을 조화시키는 것이 얼마나 어려운지를 날카롭게 인식하고 있다. 하지만 평등이 민주주의 사회에서 자연스럽게 나타나거나 어떤 식으로든 생겨날 수 있다는 식으로 추상적인 수준에서 평등을 언급하는 경우도 있다. 어떻게 해야 민주주의를 더 좋게 만들 수 있을까에 대해 차후에 내가 이야기해줄 때까지 그들은 시장 사회를 생각해내지 못한다. 심지어는 그때에도 그들은 자본주의에 앞서 부패를 먼저 거론한다.

앤더슨은 시장 사회나 민주주의를 포기할 필요는 없다고 말한다. 우리가 그 한계를 인식하고 유연한 수정 체계를 갖출 수 있다면 말이다. 또한 이상을 붙잡으려 매달리듯 달라붙는 대신 상황 변화에 따라 새로운 모델을 만들고 익히는 과정에 익숙해져야 한다고 충고한다. 얼마 전 은퇴했다는 미국인 마크는 "민주주의는 시대에 따라 변화하도록 만들어졌어요."라고 말한다. 민주주의 맥락에서 평등은 오늘날 민주주의 사회에서 중시되는 가치 체계의 초석을 다진다는 전제로부터 시작하는지도 모른다. 그런데 이러한 전제를 충족시키는 것은 평등은 자유로 이어지지 않으며 자유는 평등을 실현할 의도가 없다는 점을 이해하는 것이다. 자유와 평등은 서로 다르지만 반대는 아니다. 그 두 가지는 양립가능하며, 하나의 연속선을 이루는 부분들이다. 이러한 생각은 인터뷰를 했던 도처에서 메아리처럼 울려 퍼진다. 그 메아리 중의 하나가 민주주의는 '공유된 문화 감각'으로부터 나온다고 한 그리스 출신 올가의 말이다. 이제 민주주의 사회에서 무엇이 가치 있는지를 헤아려보고 어떻게 해야 안전하게 그 가치에 접근할 수 있는지를 계획해보자. 먼저 초안을 잡고, 그 초안이 하나의 체계로 발전하여 우리가 필요로 하는 것들이 진화하고, 변화하고, 요구하는 것에 맞출 수 있도록 해보자.

발언권

공평한 조건에서 이루어지는 의사 표현은 논쟁의 여지가 없는 민주주의의 특성이다. 독재나 반독재 국가 시민에게 발언권 관련 대화는 고통스러운 기억을 불러일으킨다. 독재 국가에서 도망친 이들, 발언권이 제한된 사회에서 성인기의 일부를 보낸 이들에게도 마찬가지다. 발언권은 인터뷰에서 지속적으로 등장한 주제였고 내가 들은 이야기들은 개개인의 경험을 다양하게 반영한다. 그리스의 니코스는 동등한 조건에서 말하고 경청 받을 권리라는 민주주의 정신과 민주적 기본권에 대해 말한다. 나는 이들 단어의 힘에 감동하면서도 당황한다. 말할 권리와 경청 받을 권리는 반드시 주어져야 하는 것이고, 이것을 책임 있게 수행하는 것이 우리를 인간으로 만든다. 평등 문제에서 나를 당황하게 만드는 것은 평등의 가치에 대한 확신의 부재가 아니라 평등의 의미에 대한 일관되고 공유된 정의의 부재이다. 그리스는 외세에 의한 점령, 내전, 시민 소요, 군사 쿠데타, 자유 선거 등을 30년이라는 기간 동안 잇달아 경험한 나라이다. 최근에는 한번도 권좌에 오른 적이 없는, 좌파 성향이 가장 짙은 정당이 선거에서 승리하였지만, 내각 구성에 필요한 과반수를 확보하기 위해 극우정당과 연합하는 모습을 보이기도 했다. 2015년 그리스 구제금융 국민투표는 유럽 연합에 남아 엄격한 경제 개혁 정책을 받아들일 것인가, 아니면 유럽 연합을 떠날 것인가를 묻는 것이었다. 이러한 양자택일적 국민투표는 나라를 한층 분열시켰다. 과반수가 유럽 연합 탈퇴에 표를 던졌으며, 이는 유럽 연합의 동료였던 영국의 유권자들이 1년 후에 내린 결정과 똑같았다. 하지만 투표 결과에 상관없이 그리스는 결국 유럽 연합에 남았다. 최근 그리스인들은 국민 투표 결과가 뒤집힌 상황을 냉소적으로 바라보며 브렉시트와 관련해 청하지도 않은 조언을 내놓았다. "국민투표 결과를 어떻게 뒤집으면 되는지 궁금하다면 우리 치프라스 총리한테 물어보라고."

인터뷰 대상자들과 발언권, 평등, 자유 등에 대해 대화를 나누다보면 비극, 냉소, 신랄함, 희망 등이 예기치 못한 방식으로 결합되어버린다. 그런 방식을 통해 그들은 다양하게 경험했던 깊은 상처와 환멸을 치유하려고 한다. 러시아에서의 대화는 자주 스탈린 시대의 억압이나, 페레스트로이카(개혁 개방)가 몰고 온 희망과 시민 소요, 혹은 옐친 시대를 특징짓는 과도한 시민 소요, 마피아의 성장, 지속적인 타락 따위를 언급하는 쪽으로 흐른다. 러시아 바깥의 세계에서 검정색이나 흰색으로 보는 것들이 러시아인들에게는 집요하게 회색 지대에 놓인다. 푸틴은 러시아를 한쪽으로 계속 치우치게 만들어, 많은 러시아인들이 깨달았듯이, 잠재적으로 동맹국이 될 수 있는 일부 유럽 국가들로부터도 한층 멀리 떼어놓고 있다. 하지만 동시에 푸틴은 공공 안전이 실종되었던 옐친 시대의 무정부 상태를 끝장내기도 했다, 내치와 외치에 임하는 푸틴의 정치적 행보가 전제주의적 성향을 띤다는 것을 반박할 사람은 아무도 없다. 그러나 동시에 많은 러시아인들은 서구 역시 민주주의적 옵션으로 착색된 색다른 옷만 입고 있을 뿐 실상은 선택의 폭이 똑같이 제한되어 있는 것이 아닌지 의문을 품는다.

　발언권은 이러한 시대에 성장한 러시아인들에게는 핵심적 개념이며, 내가 나눈 대화들은 그 개념의 은은한 색조로 가득 차 있다. 빅토르와 시멜라는 둘 다 50대 후반의 가장이며, 러시아의 정권 교체에 따라 여러 차례 경력 이동을 겪은 사람들로서, 자유롭게 생각하고 말할 수 있는 권리의 중요성을 강조한다. 그보다 젊고 희망 찬, 그러면서도 냉소적인 파블로프와 예카테리나는 신중하다. 파블로프는 "민주주의는 훌륭해요, 멋진 이론도 가지고 있고요. 근데 사람들은 민주주의를 실현할 만큼 멋지지가 않아요."라고 말한다. 예카테리나는 내 눈을 똑바로 바라보며 우리에게는 말할 권리가 있지만 동시에 민주주의 사회를 보호할 책임도 있다고 힘주어 말한다. 거리를 누비는 사진기자 발레리아는 민주주의의 발언권이 국가의 책임일 뿐 아니라 시민의 책임이기도 하다고 단언한다. 이런 말은 국가가 당신을 위해 무엇을 해줄 것인가를 묻지 말고 당신이 국가를 위해 무엇을 할 수 있을 것인가를 물어야 한다는 존 F 케네디의 유명한 말을 떠올리게 한다. 발레리아는 발언권이란 정부가 보호해야 할 권리인 동시에 사람들이 실현해야 할 권리라고 설명한다.

　발언권 실현을 위한 시민의 책임은 중국의 인터뷰 대상자들도 강조한다. 발언권이 중요하다는 것은 당연하지만, 이 권리를 어떻게 향유하며 어떻게 남용되지 않도록 해야 하는가에 대해 사람들은 세심하고도 분명하게 말한다. 모든 응답자들은 중국 정부의 검열 관행을 알고 있다. 사실, 검열 활동을 하지 않는 정부는 찾기가 어렵다. 감시는 통치의 한 요소이며, 어쩌면 지금까지 항상 그래왔을 것이다. 다만 감시에 사용되는 플랫폼들이 감시 활동을 시민의 눈에 더 잘 보이게, 시민에 대해 더 성가시게, 시민에 의해 더 잘 느껴지게 만들고 있다. 거대 기술 회사의 프로그래머인 치어는 이를 시인하면서, 시민들이 자신의 발언권을 보호할 개인적 책임을 지닌다고 설득력 있게 주장한다. 경제학을 전공하는 대학생 잭은 자신의 말할 권리가 무효화될 수 있는 상황을 만들었다고 다른 이들을 선뜻 비난하지 못한다. 국가의 잘못을 타인에게 덮어씌워 비난하는 것을 주저하는 것이다. 여행 가이드이며, 응답자 중 가장 냉소적이고 비판적인 개리는 서글서글해지면서 수월하게 즉답을 한다. "무슨 민주주의 말이죠? 우리한테 그런 건 없어요!"라고, 5백 년도 더 된 나무들 옆을 지나 걸어가며 소리친다. 그러다가 말할 권리에 대한 얘기로 넘어가면, 그 권리를 위해 싸우고, 그 권리를 보호하며, 새로 태어난 자신의 아들을 포함해 타인이 그 권리를 향유하게끔 만드는 것은 자신의 책임이라고 단호하게 말한다.

반(半) 독재 정권 하에서 살아가는 이들에게는 발언권이 당연하게 받아들여지지 않을 것 같다. 난민들과 이야기를 나눌 때도 발언권 보호는 똑같이 시급한 문제임을 깨닫는다. 발언권은 민주주의의 성배로서 귀중하게 여겨진다.

사람들은 자신이 하찮게 느껴지면 질수록 말할 필요성을 더욱 절박하게 느낀다. 가나 출신 하미드는 발언권을 "최선을 다해 말하고, 최선을 다해 행동하여 열망할 권리를 갖는 것"이라는 욕망의 문제와 결부시킨다. 파키스탄 출신 우즈마는 표현의 자유가 중요하지만, "사람들이 규칙을 알아야만 하고, (자신이 말하려는 것에 대해) 교육을 받아야만 한다."고 말한다. 아프가니스탄 탈레반을 피해 도망친 골랍은 영국 악센트가 느껴지는 능숙한 영어로 "우리는 모두 경청받고 싶어 하죠. 우선 서로에게 귀 기울이는 법을 배워야 해요."라고 말한다.

사람들의 말이 이토록 명료하고 직접적으로 철학적인 통찰을 보여주는데 그들의 답변들을 굳이 이론을 통해 해석해야 할까? 발언권의 중요성에 대한 이러한 진지한 증언은, 내가 미국으로 잠깐 돌아와 민주주의와 발언권을 위해 다른 맥락에서 투쟁하는 사람들과 대화를 할 때에도 옆자리에서 다시 들려온다. 발언권에 대해 말할 때 사람들은 투표권을 주로 생각한다. 60대 초반의 활기찬 여성으로 '엄마는 집에나 계세요.'라는 낙인이 딱 질색이라는, 그래서 나와 함께 '가정 엔지니어 겸 프로젝트 매니저'라는 명칭을 만들어낸 모니카는 "사람들에겐 발언권이 있어요. 투표권이 있는 거죠!"라고 말한다. 마크는 모두에게 평등한 발언권이 있지만 "다만 이론적으로만 그렇다."고 한다. 하지만 여기서도 사람들은 발언권 부재의 책임을 떠넘기지 않는다. 그저 다른 방식으로 불만을 표출한다. 응답자들은 통치 규칙 속에서 말하는 것의 중요성을 언급한다. 정치적 통치 영역에서, 기업이 운영되는 방식에서, 가족이 함께 생활하는 방식에서 민주주의 원칙을 지켜봐야 한다고 신중하게 말한다. 대화가 이어지면서 그들의 정치적 성향이 무심코 드러나는데, 그 범위는 극우에서 극좌까지 다양하다. 한 가지 공통점은 과반수의 의지와 투표권을 존중한다는 점이다. "저는 투표 했걸랑요, 그니까 불평해도 되겠죠?", 생기 넘치는 바텐더 사라가 익살스럽게 말을 튕긴다. 그러고는 재빨리 덧붙인다. "당신, 투표 안 했으면, 일이 나빠져도 불평할 권리 없거든요."

발언권이 모두에게 중요하며 민주주의의 핵심 요소라는 점은 분명하다. 80대 중반의 전직 소매업자인 독일인 아네트가 일깨워주었듯이 어쩌면 지금 우리는 과거에 비해 발언권과 참여권을 더 많이 확보하고 있는지도 모른다. 발언권이 사람들에게 다양한 의미를 지닌다는 점은 새로 드러난 사실이다. 투표권과 같은 것으로 보는 사람이 있는가 하면, 당당하게 말할 수 있는 시민의 권리라는 보다 넓은 의미로 파악하는 사람도 있다.

민주주의의 문제점에 대해 이야기를 나누다보면 발언하는 것에 대한, 그리고 경청받지 못하는 것에 대한 불만족 문제가 부각된다. 일단 발언권을 민주주의의 핵심부에 위치시키면서 나는 정치학자 스티븐 코울먼의 말을 떠올린다. 영국 정치를 분석하면서 그는 사람들이 투표수로 계산되는 일이 점점 더 많아지는데도 정작 자신이 계산된다는 느낌을 받지 못한다고 지적하였다.[40] 발언권이란 무엇인가? 단순하게 말하는 것 이상이다.

회의론

민주주의에 대한 내 질문에 답한 것을 두고 대화를 이어가다보면, "제가 옳게 말한 건가요?"라고 묻는 사람들이 여럿 있다. 나는 옳은 대답도 틀린 대답도 없다고 설명한다. 평등과 발언권을 민주주의의 핵심적 기둥으로 다루며 대화를 일단 시작하게 되면, 뿌리 깊은 회의론이 어쩔 수 없이 고개를 든다. 사라는 "우리는 평등과 자유를 원하는 사람들이 아니에요. 그저 더 잘 살기를 바라죠."라고 내뱉는다.

이와 같은 맥락에서 베이징의 개리는 농담처럼 한 마디 던진다. "내 상황이 나아지지 않는다면 민주주의가 뭐가 좋은 거죠?" 이것은 이기적인 진술이 아니다. 민주주의란 통치 체제가 아니라 모두에게 평등한 기회를 제공하는 삶의 방식이라는 믿음에 뿌리를 내린 냉소적 진술이다. 민주주의를 이렇게 정의하는 것은 상식이 되었지만, 이러한 정의는 우리가 인정하거나 아는 것보다 훨씬 더 밀접하게 민주주의를 경제와 연결 짓는다. 세계를 돌아다니며 회의론의 소용돌이 속을 걷다보면, 언어도 다르고, 표현도 다르고 악센트도 다르지만 생각은 동일한 목소리를 듣게 된다. '민주주의'라는 단어를 들었을 때 어떤 생각이 떠오르는지를 묻자 캐나다의 에스텔라는 다음과 같은 단어들을 떨궈놓는다. "집단, 합의, 제한된 선택이요." 이어서 "이상적인 해결책이 있지만 실제로는 제약 많은 대안 몇 개뿐이에요."라고 설명한다. 모로코 출신 난민 크릴리드는 사람들이 더 다양하게 선택하기를 원하지만 최악의 선택을 해야 하는 경우도 많다라고 지적한다. "민주주의는 다른 목적으로 써먹기 위해 쉽게 조작할 수 있는 단어죠.", 이것은 내가 미국의 드루에게서 처음 들었던 말이다. 하미드는 자신의 조국 가나와 난민 신분으로 체류하고 있는 그리스에 대해 이야기를 하다가, 두 나라 어디에도 민주주의는 존재하지 않는다고 솔직히 털어놓은 다음, "무정부 상태에 더 가까워요."라고 외친다. 미국에서 마리아에게 "민주주의가 뭐죠?"라고 묻자, 그녀는 "트럼프 아닌 거요."라고 빈정거린다.

이런 답변들에는 눈동자 굴리기, 능청맞은 미소, 한숨 따위가 동반된다. 격분하다가 웃음을 터뜨리는 사람도 있다, 사려깊은 모습을 보이려 노력하는 도중에 냉소적으로 바뀌어버리는 사람도 있다. 놀라운 일은 아니다. 냉소주의는 현대의 시민성을 규정하는 특징이다. 냉소주의는 투표 과정을 통해 커진다. 냉소주의는 대중을 향해 말을 전하려고 할 뿐 대중과 함께 대화하려 들지 않는 정치인의 일반적 행태에 의해 한층 증폭된다. 냉소주의는 정치인들과 미디어가 대중의 목소리를 오로지 선택적으로만 들으려 함으로써 발언권을 제한하는 방식에 의해 강화된다. 마지막으로 냉소주의는 경험과 함께, 지식과 함께, 역사와 함께 나아간다. 살아보고, 목격해보고, 관찰해보고, 배워본 사람이라면 회의적이 될 것이다. 우리는 시민 성인이 되면서 시민의 순진함을 잃어버린다. 회의주의는 우리가 경험 및 지식에 대해 치르는 대가이다. 어려움을 겪으면서도 회의론에 빠지지 않는 것이 가능할지 잘 모르겠다. 회의론은 자부심을 느끼며 옷깃에 다는 배지이다. 냉소주의는 시민적 희망을 모두 잃어버린 쓰라린 상태이다. 더 이상 순진하지 않다는 것과 희망이 없다는 것은 서로 완전히 다른 별개의 상태들이다. 나는 대화상대자들이 보여준 회의론에 대해서는 걱정하지 않는다. 오히려 그것에 공감하고 찬사를 보낸다. 하지만 포기를 함축하는 냉소주의는 두렵다. 회의론은 쉬운 해결책이 없는 문제에 대한 건강한 반응이다.

영원히 유효한 민주주의의 정의를 도출하는 건 불가능한 일이다. 민주주의는 고정된 이상이지만 유연한 형태를 지니고 있어서, 최소한 타협을 통해서라도 조정해야 하는 대상이다. 영원히 유효한 정의에 어떻게 도달할 수 있을까? 언제나 현대적인 정의를 통해? 현대적인 것이란 무엇일까? 심지어 몇 년 (혹은 몇 세기) 전에 출현한 것을 아직도 현대적이라 인식하는 이유는 무엇일까? 지금 이 순간을 영원히 옮겨가는 것, 지금 이 순간에 존재한다는 느낌을 영원히 전달하는 것이야말로 현대적인 것의 힘이다. 우리는 결코 지속적으로 현대적일 수 없다. 과거를 기억하고 다시 상상하면서 현재를 설정하고, 현재의 틀을 잡으면서 미래를 숙고한다. 확실히 우리는 덧없는 현대 속에 살고 있다. 덧없는 현대는 말 그대로 한 순간이며, 한 순간이어야만 한다. 이건 나쁜 일이 아니다. 현대적인 것은 지금이고, 탈현대는 상상의 대상이다. 탈현대에 관한 담론은 '만약 그렇다면 어떠할까'라는 질문의 현대성을 열어준다.[41] 앞으로 어떻게 되는 것일까에 대해 우리가 품는 집단적 상상의 바탕에는 향수와 열망이 뒤섞여 있다. 이상을 찾으면서 우리는 자기도 모르게 허풍스런 과거에 매혹된다. 우리가 미래를 바라볼 때는 이전 시기보다 뭔가 나아진 게 있을 것이라는 느낌, 그렇지만 뭔가 잃어버린 것도 있을 것이라는 느낌이 함께 한다.

그리하여 민주주의에 대한 질문을 받을 때 우리는 잠시 멈춰 생각한다. 우리는 모호하고 회의적이다. 우리는 발언권과 평등이라는 익숙한 어휘를 꼭 붙잡는다. 그렇게 하는 것은 우리가 마음 속 깊이 민주주의가 무엇인지를 이해하지 못해서가 아니다. 아마도 민주주의를 설명할 현대적 어휘가 없기 때문인지도 모른다. 바로 이것이 변화의 출발점이 될 것이다.

3장. 시민이 된다는 것

　시민이 된다는 것은 무슨 뜻인가? 이것이 내 인터뷰의 두 번째 질문이다. 이 질문은 훌륭한 시민권의 구성 요소가 무엇인지를 숙고하도록 유도한다. 앞선 장의 주제가 발언권과 평등을 중심으로 했다면 이 장 전체를 관류하는 주제는 통치 과정에서 눈에 잘 띄지 않는 고결한 시민의 초상을 그려보는 것이다. 시민권에 관한 질문은 민주주의에 관한 질문과 마찬가지로 수세기 동안 사람들을 당황하게 했다. 시민권에 대해 내가 나눈 대화에서 자주 등장한 것은 고결함과 비가시성이었다. 아리스토텔레스는 철학자로서 아레테(areté), 즉 행복하고 덕 있는 삶의 이상적 상태에 대해 논의하면서 이러한 삶을 시민적 실천과 의무에 연결시켰다. 하지만 『정치학』에서 그는 시민권을 명확히 정의하는 데에는 전반적인 어려움이 있다고 고백하였다. 여기에는 특별한 이유가 있는데, 시민권 문제는 민주주의 문제와 마찬가지로 자주 논란이 되기 때문이라는 것이다.[1] 그래서 우리는 정의를 내리는 대신, 시민의 성취감을 불러일으키는 실천을 규명하곤 한다. 그리스어 아레테(areté)는 우리가 지금 흔히 말하는 행복한 상태를 나타내는데, 아리스토텔레스가 보기에 그것은 시민적 의무에 달려 있다. 아리스토텔레스는 민주주의 조건과 마찬가지로 시민의 조건은 모든 인간 조건 위에 존재한다고 여겼다. 좋은 시민이 되는 것은 더 나은 인간이 되는 방법이었다. 공동선 추구를 삶의 방식으로 삼는다면 좋은 시민과 좋은 민주주의로, 그리고 우리가 덕스럽고 충만한 삶이라 생각하는 상태로 나아가는 길이 닦이게 된다. 시민권 문제에 대한 우리의 생각은 불평등과 노예제로 점철된 아리스토텔레스 시대를 넘어 풍성해지고 발전했지만, 덕스러운 삶을 얻기 위해 분투하는 이상적인 훌륭한 시민상은 우리가 지금 시민권에 대해 어떻게 연구하고 어떻게 논의해야 하는지를 규정하는 항수가 된다.

고대 그리스인들에게 시민권은 민주주의에 봉사하는 덕스러운 삶과 연결되었다. 이것은 실용적, 도덕적 갈등을 포함하는 복잡한 과업으로 이해되었다. 하지만 이것은 그리스로마 시대 동안 시민이 국가와의 법적 관계를 획득하는 존재의 정신을 나타낸다. 로마 시대에 시민과 국가의 관계는 명시적으로 강조되었는데, 바로 이 지점이 시민을 국가의 주체로 바라보는 사고가 뿌리를 내린 곳이다. 이 시기에 형태를 갖춘 시민권 개념은 그 후 진화하여, 모든 시민들이 법 앞에서 동등한 권리와 동등한 책임을 갖는 것으로 구체화되었다. 물론 여기서 말하는 권리는 여성, 유색인종, 자산이 없는 사람, 국가의 경계를 넘나들며 살기를 선택한 유목민 집단 등을 배제했다는 점에서 조건부 평등이다. 거의 비슷한 시기에 시민권이 특정 지역으로까지 느슨하게나마 연결되기 시작하며, 이러한 경향은 국민 국가가 형성되고 안정되면서 널리 퍼지게 되었다. 미덕의 가치, 법 앞의 평등, 권리의 평등 등의 개념이 그 오랜 세월 동안 살아남아 시민권 문제에 대한 나의 인터뷰에 나타난다는 것이 그저 놀라울 따름이다.

미국과 독일의 인터뷰 대상자들 대부분이 시민권 질문에 대해 내놓은 첫 번째 답변은 자기 나라의 시민이 되는 것과 관련된다. "시민권은 타고난 권리이고, 국적 같은 거죠."라고 누군가 말하면, "시민권은 어디서 태어났느냐 하는 국적의 문제, 그리고 그 나라의 일부로서 져야 하는 책임의 문제와 연관되죠."라고 누군가 덧붙인다. "시민권은 여권에서 시작되지만 그것을 뛰어넘는다."는 점을 대부분 인식하고 있지만, 국적을 확인하는 방법이라는 데에서 벗어난 답변은 거의 없다. 이는 놀랍거나 특별한 현상이 아니다. 시민권이 공동의 규칙에 대한 존중과 연관된다면 국민국가를 첫 번째 기준으로 생각하는 것이 사리에 맞다.

이렇게 하면서 사람들은 시민으로서 사회화되는 가운데 받아들인 관행들을 떠올린다. 역사적으로 우리는 시민권의 세 가지 모델을 지켜봐왔는데, 그 순서는 시민적 모델에서 정치적 모델을 거쳐 사회적 모델로 나아간다.[2] 먼저, 시민적 측면에서의 시민권은 법 적용 방식의 평등한 기준을 포함한다. 둘째 정치적 측면의 시민권은 주로 투표 의무를 둘러싼 문제이다. 마지막으로 사회적 측면의 시민권은 사회 구성원 모두가 공평하게 대우받고 모든 이의 사회적 복지가 안전함을 보장하기 위해 사회 구성원들이 추구하는 공동체 지향적 활동을 반영한다. 인터뷰 대상자들의 응답은 시민권의 세 측면을 모두 포괄하지만, 어느 것에 역점을 두어 어떤 순서로 설명하느냐는 문화적 배경에 따라 달라진다.

예를 들어 러시아와 중국에서 인터뷰한 사람들은 사회적 책임 개념을 제일 먼저 언급한다. 영양사라는 젊은 예카테리나는 시민이 된다는 것은 먼저 사회적 권리와 의무를 인식하는 것을 의미한다고 말한다. 페레스트로이카 이전에 법률 교육을 받았다가 페레스트로이카 이후 교도관이 되었고 지금은 러시아 최대 규모 공항의 관리 책임자로 일하는 빅토르는 훌륭한 시민권의 중심에 가족이 있다고 말한다. 시민이 된다는 것은 자녀를 잘 키워 자녀가 사회에 공헌할 수 있도록 만든다는 의미라는 것이다. 벨라루스 출신으로 지금은 상트페테르부르크에 거주하는 발레리아는 다음과 같은 이야기를 들려준다. "기자로 일하면서 가난한 동네 주민들을 인터뷰한 적이 있어요. 그 사람들은 꿈이 소박했어요. 하루를 무사히 보내고 맡은 일을 완벽히 해내겠다는 거죠. 그러면서 공동체도 돌보았어요. 제가 보기엔 그야말로 훌륭한 시민이었죠." 베이징에서 만난 잭은 시민이 되려면 남들을 돌봐야 한다고 말한다. 개리는 가족을 돌볼 수 있는 것이 중요하다고 강조한다.

이와 대조적으로 미국의 응답자들은 시민적 책임을 강조하고자 하는 마음이 강하다. 그에 따라 모두에게 동일한 시민적 권리를 부여하고, 모든 사람들이 법의 원칙을 따르도록 보장하는 공동 규칙 준수의 필요성에 주목할 때가 많다. 미국 응답자들의 답변이 국가의 법에 대한 존중, 헌법 수호, 미국 시민이 되면서 얻게 되는 자유의 존중, 규칙 준수, 통치 규칙 유지 등의 구절들로 시작되는 경우가 압도적이란 점을 감안하면, 시민적 측면이 맨 앞자리에 온다고 하겠다. 이렇듯 하나의 전제 조건처럼 등장하는 시민적 측면의 답변에 이어 응답자들은 곧장 정치적 책임 문제로 옮겨가, 투표는 시민의 의무이며 반드시 실천해야 할 과업이라 말한다. 모든 응답자들이 하나같이 투표의 중요성을 강조하는 바람에 나는 투표에 참여한 사람하고만, 2016년 대통령 선거에서 인구의 절반을 겨우 넘긴 그 투표자들하고만 대화를 나누는 것이 아닌가 걱정할 지경에까지 이른다. 나는 내가 수행하는 작업과 내가 던지는 질문의 속성이 희망에 있다고, 그리하여 내가 듣는 답변들이 이런저런 이유로 어떤 일을 하기로 선택한 사람들이 아니라 앞으로 어떤 일을 하고 싶어 하는 사람들에 관한 것이라고 나 자신에게 일깨워준다. 이 책은 우리가 원하는 민주주의의 모습에 관한 것이지 현재의 모습에 관한 것이 아니다.

미국에서 사람들과 나눈 대화들 역시 공동체에 대한 헌신에 초점을 두고 있으며, 미국 응답자들은 이 점에 대해 러시아나 중국 응답자들이 보여준 것과 똑같은 열정으로 이야기한다. 그리하여 나는 우리가 시민으로서 의무를 우선시할 때 사회화라는 문화 과정으로부터 얼마나 많은 영향을 받는지를, 그리고 우리가 시민이 된다는 것의 의미가 무엇인지에 대해 자유연상하라는 요청을 받았을 때 우리가 마치 안전망처럼 의지하는 어휘들을 사회화 과정이 어떻게 규정하는지를 기록하기 시작한다. 독일의 경우, 시민권의 의미는 국가 구성원으로서의 자격, 국가가 부여하는 권리와 의무라는 개념으로 연상되는 경우가 많다. 그렇지만 독일인 응답자 몇몇은 독일 안에서뿐만 아니라 독일 바깥을 여행하면서도 다른 나라의 문화적 관습들을 존중하는 방식으로써 문화적 동화의 필요성을 언급한다. 비록 모든 응답자들이 시민권을 국가와 연결짓고 있지만, 공동의 문화적 가치에 대한 의식이 모든 답변들 속에 스며들어 있기도 하다. 영국에서도 동일한 의식이 나타난다. 다만 방식이 다른 것은 최근의 정치적 발전에 대한 반응인 듯하다. 시민권은 "거주하는 나라가 어디든 상관없이 민주적 가치에 대한 존중"이라고 영국의 정보 기술 분야 종사자 토머스는 말한다.

멕시코와 브라질에서 나는 실용주의와 철학의 혼합을 접한다. 사람들은 곧잘 정의 내리는 것을 건너뛰고 곧바로 무엇이 잘못되었는지부터 말한다. 나는 이런 식의 대화 규칙 파괴가 좋다. 무언가를 다시 생각하려면 관행을 파괴해야 하기 때문이다. 멕시코시티의 루이스는 시민들이 어떻게 체계의 제약을 받는지 열정적으로 분석하는데, 영어와 스페인어가 번갈아 나오는 대화를 내가 열심히 따라간다. 에콰도르에서 자라 영국과 이탈리아에서 공부하고 지금은 그리스에 거주하는 크리스티도 똑같은 말을 해주었다. "우리를 제약하는 것은 참여적인 틀이랍니다." 마리아는 짤막한 대답으로 그쳤지만, 멕시코 시민들의 무관심과 그 이면에 숨은 것에 대해 더 말하고 싶어 하는 모습이다. 유명한 TV 앵커 다니엘라는 탁자 위로 몸을 굽히면서 변화를 가져오기 위해 함께 무엇을 해야 하는지 말한다. 브라질의 파트리샤는 예의 바르게 내 질문에 답한 후 자신이 정말로 관심 있는 주제로 재빨리 넘어간다. "시민이 된다는 건 사회에서 자기 역할을 완벽히 이해하고 그에 전념하는 것, 비판적으로 사고하는 것, 긍정적 태도를 갖는 것, 그리고 도움이 필요한 이를 돕는 것이죠." 신시아는 현재의 미국에서 껄끄러운 주제가 되는 모든 것에 대해 툭 터놓고 말하면서, 권리와 의무를 정확하게 구분해준다. "시민의 권리에는 보건, 교육, 주거, 안전, 일자리와 먹을거리에 대한 접근, 대중교통, 자유 결사, 신앙의 자유, 평화로운 시위권 등이 있어요. 의무에는 법의 준수, 모든 사람의 권리를 존중하기, 어린이와 장애인을 돌보고 보호하기, 자연 보호, 투표, 기타 헌법이 요구하는 의무가 포함되고요." 내가 멕시코와 브라질에 체류할 당시 두 나라는 모두 선거 운동이 한창이었고, 부패가 어디서든 화제의 중심이었다. 하지만 부패는 특정 지역에만 나타나는 것이 아니라 세상 어디에나 존재한다. 다만 나를 가장 사로잡는 것은 관습, 언어, 그리고 시민의 본능이 요동치고 있는 모습이다.

커피숍 철학은 내 조국 그리스의 국민적 취미이다. 거기서 내가 얻은 답변은 시민 의식을 갖는 것이 무엇을 의미하는가에서부터, 무정부주의자(anarchist)가 아니라 anarchoi -질서를 무시하기보다는 질서 의식에 아무런 관심도 없는 존재-의 면모를 지닌 그리스인들에 대한 심층 분석까지 다양하다. 세계 각지에서 내가 얻은 답변은 관습, 민속, 개성 등이 어우러진 활기찬 것이지만 그럼에도 주된 질문은 답변 없이 남겨지곤 한다. 시민이 된다는 것은 무엇인가? 이 질문은 광범한 범위에 걸친 다양한 답변을 촉발하는데, 우리가 어디서 어떻게 성장했는지에 따라 우리가 줄 수 있는 답변의 조건이 달라지기 때문이다. 또한 이 질문은 우리를 시민적 존재로 만드는 관습에 대한 혐오감으로부터 도전받을 것으로 보인다.

통치 체제가 시민에 맞춰 조직화되는 방식은 점차 비슷해져 간다. 이론상으로 보면, 민주주의 진화의 다양한 조류 속에서 시민 공화제 모델과 이것에 뒤이어 나온 자유 지향적 모델이 대표적으로 구분될 수 있다.[3] 시민 공화제 모델은 시민의 덕성 개념에 입각하여 도덕적 공동체의 삶을 추구하려 한다. 모든 시민이 아레테(areté, 행복하고 덕 있는 삶의 이상적 상태)에 대한 동기를 똑같이 갖고 있다고 전제하고, 국가의 통치는 공정하고 너그러울 것이라 가정한다. 국가가 어떻게 그렇게 할 수 있는지는 분명히 규정되지 않지만 말이다. 반면에 자유 지향적 모델은 이러한 모호함을 걷어내면서, 국가가 어떻게 공평한 기회를 제공할 것인지를 명확하게 규정한다. 중세 이후의 격동과 다양한 혁명을 거치면서 시민들은 국가가 모든 시민에게 자유롭고 평등한 권리를 보장하기 위해 구체적인 행동에 나서도록 하는 자유 모델에 합의했다. 두 모델 모두 시민권을 향한 계몽의 길이지만 국가 통치를 통해 시민에게 제공되는 지원의 형태가 다르다. 인터뷰에서는 공화제 모델과 자유 모델의 절충안이 거론되었지만, 국가의 통치가 언제 개입되어야 하는지에 이르자 대화는 난항에 빠지고 만다. 시민이 지켜야 할 규칙, 범위, 그리고 시민의 영역을 설정하는 주체가 국가라고 가정하면서도 국가를 개입시키는 데는 전반적으로 주저하는 듯하다. 사람들은 타인의 책임을 보호할 필요성을 포함해 시민이 지니는 모든 책임을 공들여 강조했지만, 여기서도 국가가 주된 요소로 등장하지는 않는다. 반(半) 독재 국가에서부터 자유스런 국가를 거쳐 민주주의가 혼란한 지경에 이른 국가까지 여행하며 나눈 모든 대화에서 국가는 눈에 띄지 않는 배우처럼 남아 있다는 것이 너무나 흥미롭다.

가끔 정치인들을 불명확하게 언급하는 일이 있는데, 그러한 제약에 그저 고개를 끄덕일 뿐 책임을 물어야 할 정당 이름조차 밝히는 경우가 드물다. 책임 얘기가 나왔으니 하는 말이지만, 시민이 져야 할 책임은 상당히 많다. 교육받을 책임, 모든 정보를 받아야 할 책임, 공동체 구성원으로 활동할 책임, 아무리 사소한 안건이라도 모든 투표에 참여할 책임, 의견을 표현하되 남의 권리를 침해하지 않아야 할 책임, 노숙자 쉼터로 사람들을 데려갈 책임, 공동체를 돌볼 책임 등이 있으며, 그 외에 직업 구하기, 세금 부담하기, 시민적 가정 꾸리기 등을 포함해 할 일이 셀 수 없이 많다. 이렇게 보면 시민의 일상은 매우 바쁠 것 같고, 특히 교육이나 정보에 접근할 통로가 여의치 않은 체제에서라면 더욱 그럴 것 같다. 나는 고대 시대를 떠올려본다. 그때는 시민이 노동을 하지 않는데, 노동은 정치 조직에 적극 참여하는 도덕적 삶으로부터 사람들을 떼어놓는다고 여겼다. 노동은 노예의 몫이었고, 노예는 자신의 발언권은 갖지 못한 채 시민들의 발언권을 위해 노동의 짐을 떠맡았다. 오늘날 이론적인 면에서나 실제적인 면에서 사람들이 시민권에 대해 이야기할 때, 처리해야 할 수많은 일들에 관해서 언급할 뿐 시민권의 장점을 논의하는 일은 거의 없다.

정치적 사고 또한 이 경로를 따른다. 역사적으로 시민권은 16세기에 신생 국민국가의 주권과 안정성을 강화하는 방법으로서 화려하게 등장했다. 국민국가의 우선권을 내세우기 위해 군주가 특정 권리를 부여하면서 신민은 시민이 되었다. 시민의 개념은 탄력적이지만 개인에게 유리한 방향은 아니다. 시민권은 사회경제적 권력을 잡은 정권의 진화를 뒷받침하기 위해 조정과 변화를 거듭한다. 존 로크는 시민의 개념을 삶, 자유, 사유 재산 등에 대한 권리와 연결시켰다. 장 자크 루소의 사고는 시민 공동체의 원칙과 장점을 구체적으로 언급하는 데까지 진화했다. 시민들을 묶는 사회 계약의 중심에는 형제애가 있지만 더 중요한 것은 국가에 일정한 책임을 부여했다는 점이다. 이 핵심 개념이 시민 참여와 통치의 자유 지향적 모델에 씨앗이 된다. 이 모델이 청교도 정신, 자본주의, 산업화, 혁명과 만나면서 권리 문제가 타결되지만, 시민권을 정의하는 참여의 기본 모델은 손닿지 않는 곳에 남아 있다. 배제, 포용, 권력 다툼, 불평등, 사회 부정의 등은 정의하기보다 그 유형을 묘사하기가 더 쉬운 개념이다. 어쩌면 그렇게 하는 것이 더 유용할 수도 있는데, 시민권이 상황에 따라 변화와 조정을 거듭하기 때문이다. 하지만 그렇게 되면 좋은 시민으로 가는 길을 찾으려 할 때 하나의 옵션만 남게 되고, 그 옵션은 시민의 덕성을 증진시키는 참여 주변을 맴돈다. 이런 고결한 시민 개념은 인터뷰를 통해 내가 들은 모든 이야기들을 통합하는 핵심 주제로 부상하는데, 그렇다면 나는 질문을 던질 수밖에 없다. 고결한 국가는 어디에 있는가?

고결한 시민

시민권이란 민주주의를 향해 항해할 때 사용할 지도의 윤곽을 그려주는 것이라고 생각한다.[4] 나 자신이 이해하고 있는 시민권 개념은 유동적이고 맥락에 크게 좌우되는 것이다. 시민적 실천이 공공 문제 및 정치 참여와 연결되는 공통점이 있다하더라도, 시민이 된다는 것이 무슨 뜻인지를 정의하는 방식은 시대적으로나 지리적으로 매우 다양하다. 우리가 사적 실천 및 공적 실천이 결합된 시민권을 향해 길을 뚫어 나갈 때, 역사적, 문화적 맥락은 우리를 제한하기도, 인도하기도, 힘을 불어넣어주기도 한다. 시민권 개념이 우리가 걸어야 할 시민적 통로를 지도로 보여주는 것이라면, 기술은 그 지도를 상상하고, 구성하고 다시 그릴 때 이용하는 도구이다. 어떤 기술은 변화 없이 유지되지만, 그 기술의 어떤 측면은 진화한다. 알파벳이든, 글쓰기 실습이든, 널리 출판하는 능력이든, 구술 이야기나 역사를 공유하는 도구의 사용이든, 여행 능력이든, 우리가 닿지 못했던 세계를 듣고 보고 경험하는 기회든, 말하고 경청받는 능력이든, 어떤 시대의 기술이라 하더라도 그것은 우리가 시민권을 실행하는 방식과 필연적으로 연결될 것이다. 지도들이 그려지면, 결국, 우리는 통로들을 연결할 수 있고, 연결을 위해 무엇이 필요한지 이해하게 된다. 기술은 수많은 변이를 거듭하며 시민 간의 연결을 위한 미디어와 매체를 제공해왔다.

세계를 돌아다니며 사람들과 얘기를 나누다보면 분명하게 깨닫는 것이 하나 있다. 시민권은 연결하고 협력하고 대화하고자 하는 제스처에 의존한다는 점이다. 이들 제스처는 시민들이 민주주의의 리듬과 의례에 참여하고 환멸을 느끼면서 진화한다. 민주적인 사람이 된다는 것은 궁극적으로 무엇을 의미할까?[5] 정치인들이 유권자와의 직접적 접촉을 피하면 피할수록 대중의 관심이 줄어든다는 점이 나의 인터뷰를 통해 분명해진다. 시민들은 저마다 튼튼한 의견을 지니고 있지만, 내가 나눈 대화에서 드러났듯이, 의견을 말해도 아무도 들어주지 않는 것에 점점 지쳐갔던 것이다.

나의 대화와 연관해 첫 번째로 다룰 주제는 내가 고결한 시민 모델이라 지칭하는 열망하는 시민 모델이다. 사람들이 의미 있는 시민적 삶의 핵심 요소로 꼽는 것은 도움이 필요한 사람들을 도우면서 스스로 성공하는 것이다. 물론 이는 개인적으로든 집단적으로든 도달해본 적 없는 이상향이라는 것을 다들 알고 있다. 우리는 시민권을 향해 계속 진화하는 길고 불완전한 경로에 놓여 있다. 민주주의는 진화하고 시민권 개념도 시대에 따라 달라진다. 하지만 둘 사이의 연결은 유지된다.

"시민권이란 무엇인가요?"라고 내가 묻는다. 다채로운 답변들이 등장한다. 30대 초반으로 일리노이에서 소규모 양조장을 운영하는 마크는 "민주주의 사회의 원만한 구성원이 되는 거죠."라고 대답한다. 시민권은 사회에 기여하고 규칙을 지키고 합의된 규칙을 존중하는 것과 연관된다는 것이다. 그리스의 미용사로 20대 중반인 에피는 "환경을 존중하고, 다른 사람들의 일을 존중하며, 공통 가치를 존중하는 거죠."라고 설명한다. 브라질의 파트리샤는 중년다운 침착한 말투로 시민권 실천은 "사회에서 맡은 역할을 인식하고 거기에 전념하는 것, 비판적으로 사고하는 것, 긍정적인 태도를 갖는 것, 도움이 필요한 사람을 돕는 것"이라 설명한다. 하미드는 마치 이 주제에 대해 말할 마지막 기회이고 시간이 부족하기라도 하다는 듯 서둘러서 열정적으로 "최선을 다하고자 간절히 바라는 거죠."라고 말한다. 멕시코시티의 기자 미르나는 시민이 된다는 것은 사회적, 시민적, 정치적 책임을 뜻한다고 말한다. 그러면서 시민은 "나라에서 일어나는 매일의 사건에 관심을 갖고 신문을 읽고 정치 토론에 참여하며 통치 기구가 제대로 일하도록 요구해야 한다."고 덧붙인다. 캐나다의 안나는 "정부가 제대로 일을 못하고 있다면 어떤 방법을 통해서든 지적해야할 책임을 지는 거죠. 투표만 하는 게 아니라 무슨 일에든 참여해야 하는 거예요. 투표하고 재활용만 하면 그만이 아니라고요."라고 단호하게 말한다.

미르나는 사람들이 해야 한다고 느끼는 것과 어쩔 수 없이 한다고 느끼는 것 사이의 차이를 구분한다. 부패, 사기, 정부의 무능은 시민들이 행동할 의욕을 꺾어버림으로써, 시민들을 흔히 무관심으로 오해받는 처지에 가둔다고 설명한다. 시민권을 화제로 한 인터뷰는 자주 끊어지곤 하는데, 응답자들이 자신이 무엇을 하기를 원하고 무엇을 할 수 있는가 하는 문제와 자신이 앞으로 할 일이 과연 할 만한 가치가 있느냐 하는 문제 사이의 먼 거리를 숙고하기 때문이다. 열정적인 회의주의가 이와 같은 이상적인 고결한 시민상에 중점을 두는 답변을 이끌어낸 것이다.

내가 대화를 나눈 사람들이 대의제, 문해력, 투명성, 의사소통 등과 결부된 문제를 제기하는 것은 바로 이런 맥락이다. 이른바 지구 시민이라 불릴 만한 그들은 출신지가 복합적인 경우가 많다. 러시아에서 만난 사람이지만 반은 러시아인, 나머지 반은 벨라루스인 혹은 우즈베키스탄인의 정체성을 지니기도 하고, 그리스에서 만났지만 시리아 출신이기도 하다. 영국에서 만난 사람인데 사우디아라비아에서 자란 경우도 있다. 에스텔라는 "캐나다인들은 이상적 시민으로 그려지곤 해요. 트뤼도 수상이 자유로운 유토피아를 만들었다고 생각하는 거죠. 하지만 여기에도 통제와 차별이 존재해요. 다른 곳보다 덜 극단적일지는 몰라도 존재한다는 건 분명하죠."라고 말한다. 나와 이야기를 나눈 사람들은 훌륭한 시민이 되는 것에 관심이 많지만 분명한 방법을 몰라 혼란을 겪는 듯 보인다. 대의제의 평등 부재를 지적하기도 한다. 대의제의 이념은 차치하고, 시민들은 선출된 정권 내에 인종, 민족, 성, 계층을 대표하는 이들이 엘리트를 편들고 대중의 이익을 무시한다고 우려한다.

이런 우려는 새로운 것이 아니다. 시민들은 많은 일들을 하고 있으면서도 그것으로는 충분하지 않다는 질곡 속에서 언제나 삶을 영위해왔다. 불완전한 시민권의 오랜 역사는 현재 세대들의 진지한 열망에 그림자를 드리운다. 그 역사가 전하는 것은 미덕의 추상적 이상뿐이다. 루소는 "우리에겐 물리학자, 기하학자, 화학자, 천문학자, 시인, 음악가, 화가 모두 있지만 더 이상 시민은 없다."라고 불평했다.[6] 우리는 전문적인 영역이 시민적 본성의 행동을 대체한다고는 거의 생각하지 않는다. 기업의 역할을 예로 들어 보면, 기업이 특정 국적을 지니고 있기 때문에, 혹은 지니고 있지 않기 때문에 얼마나 많은 혜택을 입는지 궁금할 것이다. 미국이 기술 기업에 적용하는 관대한 법은 유럽 연합의 보다 제한된 법적 체계에 배치된다. 이런 경우 기업은 한 국가의 법적 체계로부터 이익을 얻을 수 있지만, 그 이익이 시민 관련 데이터를 공유할 때 인센티브로 얻는 이익이고 그것이 정보계에 영향을 주는 것이라면 해당 국가에 충성하지 않는다. 물질문화와 시민에게 기대되는 도덕적 열망이 양립할 수 있는지 의문을 품는 사람들이 많다. 민주주의 평등의 미국식 모델에 찬사를 보내면서도 알렉시스 드 토크빌은 물질적 안정과 시민적 미덕을 조화시킬 가능성에 대해 깊이 우려를 표했다.[7] 존 듀이는 훌륭한 시민을 만드는 데 커뮤니케이션과 저널리즘이 중요한 역할을 맡을 수 있다고 기대했지만 현대 미디어가 제공하는 정보의 질은 시민권으로 가는 길에 가장 큰 장애물이라고 평가한다.[8] 월터 리프만은 사회를 구성하는 개인이 지나치게 자기중심적이어서 전체의 필요를 고려하기 어렵다고 우려했다.[9] 이 책을 위해 내가 만난 사람들은 자기를 벗어나 공헌할 수 있기를 열망했지만 그들의 목소리에는 열망의 실현 능력에 대한 모호함이 드러났다. 사회학자 찰스 라이트 밀스(Charles Wright

Mills)는 대중적 대의 민주주의가 참여 통로를 너무나 좁혀놓는 바람에 시민들이 순식간에 압박감을 느끼고 결국 '정치의 이방인'이 될 것이라 예측했다.[10] 시민권 개념은 조정과 변화를 거듭하지만, 너무 유연한 나머지 뼈대를 잃어버릴 지경에 이른 것은 아닐까?

늘 다니던 익숙한 길을 넘어서 더 많이 참여할 수 있는 길을 찾아야 한다고 혼신의 힘을 다해 얘기하던 응답자들의 시민적 열정에 나는 찬사를 보낸다. 그들이 오랜 시간 노동하고, 수많은 책임을 져야 하며, 부당함에 맞서 그것을 이겨내려 애쓰고 있다는 게 걱정스럽지만, 그럼에도 시민으로서 더 많이 참여하려 한다면 국민투표를 통해 어떤 정치적 주장을 지지하거나 선거를 통해 반대가 가장 적은 후보자라도 선출하는 것이 가장 기본적인 참여 방법일 것이다. 개인 트레이너로 일한다는 젊은 데비는 '표가 목소리가 되고, 목소리가 권력이 되는' 방식에 대해 열정적으로 설명한다. 데비는 소외 계층을 돌보고 변화를 이끌기 위한 참여 활동에 대해 이야기하다가, "이건 관전하는 스포츠가 아니에요. 참여의 문제지요."라고 결론을 내린다. 나는 이 강력한 발언을 소화하는 데 여러 가지 이유로 시간이 좀 필요하다. 첫째, 그 발언 뒤에 숨은 용기에 감명받기 때문이다. 둘째, 통치 체제가 시민의 참여를 관전 스포츠 이상으로 만들어주지 않는다는 걱정 때문이다.

'고독한 군중' 개념을 설명하면서 사회학자 데이비드 리스먼(David Riesman)과 동료 연구자들은 중류층 미국인들이 구경꾼의 태도나 무관심을 초래하는 후기 산업화 시대의 참여 방식에 점점 갇혀가는 모습, 설문 응답에서 '모르겠음'을 점점 더 많이 선택하게 되는 모습을 그렸다.[11] 나의 응답자들 대부분은 이런 경향에 맞서 싸우고 있었지만 이들을 보이게 할 수 있는 방법이 없다는 점이 우려스럽다. 고독한 군중은 고독한 시민으로 변해왔으며, 리스먼과 그 동료들이 밝혀낸 이런 경향은 기술과 함께 진화해왔다. 고독한 시민들은 예/아니오, 찬성/반대 사이에서 양자택일을 강요받는다. 양자택일을 거부하거나 이도저도 아닌 중간을 선택하면 보이지 않는 존재가 되고 만다.

보이지 않는 시민

미국의 앵커 에드워드 머로(Edward R. Murrow)는 "당신의 목소리가 이제 온 세상으로 퍼질 수 있다는 이유만으로 술집 카운터 끝에까지만 닿던 시절에 비해 당신이 더 현명해진 것은 아니다."라고 했다.[12] 기술이 민주주의와 정치에 어떻게 영향을 미치는지 연구하면서, 미디어가 목소리를 증폭해주지만 그 때문에 우리가 더 잘 알게 되거나 더 잘 들리게 되는 것은 아님을 설명하기 위해 내가 자주 인용하는 말이다.

미디어는 가시성이라는 환상을 만든다. 트위터 같은 플랫폼은 내가 하는 말이 모두에게 가닿게끔 설계된 도구이다. 하지만 '모두'란 누구일까? 내 말을 듣는 사람은 인터넷과 트위터에 접속한 사람, 그 시간에 우연히도 트위터를 보는 사람, 내 포스트를 우선적으로 드러내는 알고리즘 특성을 가진 사람, 내가 말하는 내용에 이미 관심을 가지고 있었던 사람이다. 온라인에서의 목소리는 팔로우하는 사람들의 네트워크를 통해 강해지는데 팔로워는 내 말을 널리 알려지게 키울 수도, 반박할 수도, 그저 무시할 수도 있다. 우리는 목소리가 증폭된다는 면을 강조한다. 물론 소리를 널리 퍼뜨리는 메가폰이 생기기는 했다. 하지만 그렇다고 우리가 더 잘 듣게 된 것일까? 얼마나 오랫동안 들릴까? 더 많은 이들에게 목소리가 가 닿는다면 그 사람들이 변화에 영향을 미칠 수 있다는 말인가? 목소리를 내는 것은 물론 중요하지만 그것만으로 충분하지는 않다. 그 목소리가 크게 울려 강한 영향력을 행사하고 경청을 받는 것이 보다 중요하다. 시민의 목소리는 민주주의 핵심 요소이지만 목소리 자체만으로는 훌륭한 시민으로 가는 길이 펼쳐지지 않는다.

지금까지 시민권 관련 대화에서 언급된 참여 관련 주제들을 솎아내, 내가 다시 언급하거나 이야기를 엮어보기도 했다. 나는 사람들이 해준 말에 의존하여 이에 함축된 시민의 모습을 그리고자 한다. 하지만 여러 이유로 사람들이 얘기하지 않은 말도 많다는 것 또한 분명히 알고 있다. 첫째, 사람들과 친밀한 관계를 형성하려 노력했다고는 해도 나는 어디까지나 그들의 길을 가로지르는 낯선 존재일 뿐이다. 둘째, 내 질문에는 사람들이 솔직하게 답하기 쉬운 면도 있고 어려운 면도 있다. 민주주의에 실망했다고 말하기는 쉽다. 하지만 무엇을 할 수 있을지 설명하기는 어렵다. 자신이 좋은 시민이 아니라는 고백은 사회적으로 긍정적이지 않다. 마지막으로, 시민이 된다는 것의 의미에 대해 보편적으로 통용되는 개념이 없는 상태에서 자신이 좋은 시민인지 나쁜 시민인지 알기는 불가능하다.

나는 인터뷰 대상자들이 공동체에 참여하고 더 나은 시민이 되고자 성실히 노력해왔다고 믿는다. 다만 더 많이 참여하고 더 좋은 시민이 되기 위한 통로가 없다는 점이 우려된다. 나아가 계몽된 시민으로 가는 시민적 통로가 차단되고 복잡해지고 정체된다는 점도 걱정이다. 기술이 이들 통로를 더 접근 가능하게 만들어준다는 약속을 하고 있는데도 말이다. 결국, 인터뷰 대상자들이 생각해본 적 없었기에 나에게 말하지 못한 것들도 있다. 그들에게 한 번도 일어난 적 없는 시민권의 어떤 측면들, 사회화 과정에서 배우지 못한 시민적 사고방식, 공식적으로 검증되거나 인정되지 못한 관행들, 매일 실천하지만 중시되지도, 보이지도 않는 사소한 시민 참여 활동 등이 그렇다. 이런 것들은 보이지 않는다는 이유로 모두에게, 심지어는 우리 연구자들에게도 잊히고 만다.

그러니 이제는 사람들이 말하지 않은 것들에 대해, 그리고 말하지 않음으로써 그것들이, 또 그들 자신이 어떻게 보이지 않게, 중요하지 않게, 들리지 않게 되는지에 대해 써보도록 하자. 시민으로서 우리는 열외의 것들을 보게끔, 그런 것들에 관심을 기울이게끔 가르치는 세계의 시민적 기준에 따라 행동할 때가 많다. 우리는 시끄러운 것, 도발적인 것, 평범함을 벗어나는 것에 솔깃하도록 점점 길들여진다. 우리의 미디어 문화는 비범한 것을 더욱 강화, 재생산하는 주목경제 위에 구축되어 있다. 우리는 평범한 것에 귀 기울이는 법을 절대 배우지 않는다. 우리는 평균적 가치에 절대 집중하지 않는다. 우리는 일상적으로 늘 마주치는 평범한 시민 참여 활동은 얼버무려 넘어가고, 영웅적인 것, 메시아적인 것, 기상천외한 것들을 강조한다. 그리하여 우리가 배우는 것은 익숙한 길을 뛰어넘어 눈에 띌 수 있게끔 행동해야 한다는 점이다. 정보 포화의 세상에서는 한껏 돌출된 것이 돌풍을 불러일으키는 법이며, 이런 경향이

바로 미디어, 정치인, 소수의 보통사람들이 배우는 게임의 규칙이다.[13]

따라서 고결한 시민은 국가에 보이지 않는 시민, 노력하고 헌신한 것을 인정받지 못하는 시민, 디지털이든 아날로그든 다양한 플랫폼에서 다뤄지는 시민, 그럼에도 실제로 누구인지 눈에 보이지 않는 시민이 되어야 할, 본의 아니게 불행한 운명에 처한다. 나의 질문에 진지하게 대답해준 사람들이 되고자 열망하는 것이 바로 그 고결한 시민이다. 하지만 그런 평범한 시민은 눈에 보이지 않는다.

사회학자이자 정치학자인 리처드 세넷(Richard Sennett)은 예전에 이 비가시성에 대해 쓴 적이 있다. 그의 주장에 따르면, 미디어가 공적 대화 공간을 점점 상업화해나감으로써 평범한 시민이 공공 문제에 참여할 수 있는 유의미한 통로는 차단되어버린다. 공적 영역에서 사적 영역으로의 이러한 후퇴를 세넷은 '공적 인간의 몰락'이라 불렀다.[14] 더 중요한 것은 이것이 숙의를 위한 공적 영역의 안타까운 상실일 뿐 아니라 공적 영역이 지탱하던 다원적 대화의 상실이기도 하다는 주장이다. 세넷은 자신의 멘토인 한나 아렌트와 마찬가지로 다원성을 숙의 민주주의의 핵심 가치로 보았다. 공적 공간의 점증하는 상업화는 대화를 위한 공적 공간의 성장을 억누르면서 진전된다. 이를 충분히 납득하려면, 공공 문제에 대한 대화는 주로 일상적 만남이나 우연한 상황에서 무르익는다는 점을 이해하면 될 것이다. 정치 관련 대화를 나누겠다는 명시적인 목적 하에 사람들이 모여 앉는 경우는 몹시 드물고, 그렇게 하더라도 대화를 충분히 즐길 가능성이 낮다. 우리는 취미를 즐기거나 의무를 수행하는 수

많은 시간들 한가운데에서 흔히 정치 관련 얘기를 나누며, 그렇게 하는 것이 적절하고도 흥미진진하다. 정치는 우리의 반복되는 일상과 공존하며, 정치 얘기는 때때로 지루한 일상적 대화 속으로 끼어들기도 한다. 이웃과 함께 개를 산책시키며 무심코 나누는 정치 얘기를 떠올려보라. 가끔 막간을 이용해 식품점 계산원과 정치나 삶의 의미에 대해 짧게 나누는 대화를 생각해보라. 당신이 도시에 사는 사람이라면, 느긋한 산책길에 나섰다가 얼굴 익은 사람들과 짧게나마 트는 대화를 되새겨보라. 물론 이런 대화가 이제 더 이상 불가능하다는 말은 아니다. 우리는 인간이며, 본성적으로 사회적이고 정치적이다. 우리가 존재하는 한 이런 대화는 이어질 것이다. 그러나 우리의 업무 스케줄이 세계 시간대에 맞춰 좀 더 제한되고 조정되어야 함에 따라 공원 산책조차 시간에 쫓긴다면, 혹은 계산대에서 주고받는 상호작용이 편의와 편익의 조직적 논리에 따라 좀 더 형식적이 된다면, 우리는 스타벅스, 홀푸드, 코스트코 또는 어떤 대형 매장이든 그곳의 대기줄에 서서 그런 식으로 대화할 엄두를 내지 못할 것이다. 동시에 우리는 그날그날의 뉴스를 따라가기에도 시간이 빠듯해서, 아예 그 시간을 휴대폰에 코박은 채 친구들이 무얼 하는지 알아보거나 시사문제를 찾아 읽는 데 쓰는 경우가 많다. 그 결과 화면에 너무 많은 시간을 허비했다고 반사회적이라는 비난을 받을 지경에 이른다.

이렇듯이 우리는 공간적으로나 시간적으로나 제한받는 상태이다. 공공 문제에 쓸 공간과 시간이 점점 줄어든다. 세넷은 '공적 지형과 자본주의가' 뒤섞이면서 '공공으로부터 가족으로의 후퇴'와 '이익으로 바뀔 수 있는, 공개석상에 대한 혼란'이 동시에 나타난다고 지적한다.[15] 공적 공간의 상업화는 공적 활동을 혼란에 빠뜨릴 뿐 아니라, '가시성'은 있으나 '집단화'는 불가능한 공적 공간을 제공한다는 점에서 현대적 개인이 처하는 역설을 빚어낸다. 공적 가시성의 한중간에서 개인이 느끼는 고립감은 현대 시민을 사로잡는 정치적 기분에 해당한다. 왜냐하면 현대 시민은 한나 아렌트가 말한 '틈새(in-between)', 다시 말해 '개인과 그 동료들 사이에 형성되어야 할 특별하고 대체불가능한 틈새'가 부재하는 공적 공간에서 부유하고 있기 때문이다.[19] 그러나 나의 인터뷰 대상자들이 틈새 유대의 상실을 낳는 상황에 대해 이야기했던 것은 아니다. 그들은 오히려 유대를 회복하려는 데, 또한 자신들이 직면한 시간적 공간적 한계에도 불구하고 고결한 시민이 되려고 분투하는 데 지나칠 정도로 푹 빠져 있었기 때문이다. 그럼에도 위에서 말한 장애들은 지속적으로 우리 시민적 행동의 효과를 축소시키게 될 것이다.

예를 들어 우리가 공적 공간으로부터 물러나 스마트폰 같은 사생활 속에서 읽거나, 연결하거나, 자신을 표현할 공간을 찾으려 할 때, 타인과 상호작용하는 온라인 공간이 가시성은 약속해주지만 집단성이나 협력은 증진시키지 못함을 깨닫는다. 가령 트위터 같은 플랫폼이 번성하는 이유는 그것이 시간에 대한 우리의 약화된 접근성과 공적 공간에 대한 필요성을 동시에 충족시켜주기 때문이다. 트위터는 지구 어느 곳에서든 볼 수 있는 공적 공간을 보장하면서도 최소한의 시간 약속만 요구한다. 그저 280자 내로 입력하면 끝인 것이다. 하지만 온라인 대화에 참여하다보면 처음 예상보다 시간 소비가 더 많아짐을 자주 느낀다. 아무튼 이런 플랫폼을 통해 중요한 이슈에 대해서는 연대와 동원에 이르는 집단행동을 전개할 수 있을 것이다. 이런 플랫폼은 의미 있는 토론에 이용되는 경우도 더러 있겠지만 유해한 논쟁에 휘말리는 경우도 자주 있을 것이다. 어떻게 사용하느냐는 물론 우리의 선택이다. 우리는 자기 운명의 주인인 것이다. 하지만 우리의 선택 능력은 점점 더 제한받고 있다. 그리하여 우리에게는 매력적인 옵션 대신 협소하게 규정되고 사전 조정된 피드가 주어지면서, 우리의 의견은 가시성을 약속하지만 정말로 보여질지는 알 수 없는 이야기 속으로, 알고리즘에 따라 으깨져 들어가는 것이다.[17] 이들 피드는 주목 경제의 맥박에 맞춰 의견을 공론화하는 동시에 억압한다.[18] 폭넓은 관심을 끌 수 있는 것이 무엇인가에 대한 대체로 부정확한 추정이 온라인 공간을 형성하는 대화 피드 생산의 동력이 된다. 그렇지만 온라인 공간은 그 피드를 옮겨주는 우리 목소리가 없다면 아무 것도 아니다. 피드는 우리의 연결 관계, 네트워크, 대화를 통해 실체가 된다. 결국 우리에게 목소리는 주어지지만 그것이 타인의 귀에 닿으리라는 보장은 없는 셈이다. 보여질 수 있다는 것과 내가 누구인지를 보여준다는 것은 전혀 별개의 문제이다. 말을 한다는 것과 타인의 귀에 들리게 한다는 것은 다른 문제이며, 더구나 남들에게 이해받거나 진가를 인정받는다는 것은 전혀 별개의 문제이다.

시민들이 가슴 깊이 원하는 것은 참여하고 관찰하고 일원이 되는 것이다. 정치학자 마이클 셔드슨은 이를 '모니터(monitorial) 시민'이라고 적절하게 표현했다. 영향력 있는 저서 『좋은 시민(The Good Citizen)』에서 그는 현대 시민이 수동적이고 무심하며 무관심하다고 한결같이 단정하는 현대 민주주의 비평가들을 뒤따른다. 그의 역사적 분석에 의하면, 시민들이 특별하게 참여적인 존재로 인식된 적은 단 한 번도 없었다는 것이다. 우리 시대에 앞서 계몽되고 참여하는 시민의 시대가 존재했다는 가정은 허구이다. 우리의 시민 선조들은 우리만큼이나 무관심했고, 달리 보면 우리보다 정치적 동기가 훨씬 적었을 것이다. 우리는 각 시대의 비평정신으로부터 언제나 평범하기 짝이 없는 시민으로 취급받아 왔다. 우리는 좋은 시민이 되는 데 늘 실패했거나 아니면 너무 높은 기준을 세웠던 것이다.

셔드슨은 이어 공동선을 위해 봉사하는 능동적 시민이 되는 것이 흔히 생각하듯 손쉬운 일이 아닐 수 있다고 설명한다. 가족 부양이나 질병, 고난, 전쟁 등과의 투쟁 같은 일상의 압박 때문에 앞선 세대들은 시민적 책무를 다하기 힘들었다. 오늘날 의료, 과학, 자동화 등의 진보로 그러한 압박이 많이 사라지긴 했지만 신(新) 산업 사회 및 후기 산업 사회의 일상은 민주주의가 요구하는 숙의적 실천과 모순되기 일쑤이다. 읽기, 성찰, 대화, 의견 충돌, 타협 등을 아우르는 숙의의 전체 과정은 시간이 오래 걸리고, 저절로 발생하며, 비효율적으로 진행될 때도 많아, 새로 도입된 후기 산업사회적 일상의 정확한 일정과 배치되기도 한다. 앞선 시대의 시민들이 교육, 정보, 참여에 대한 평등한 접근권을 갖지 못한 반면, 최근의 시민들은 높은 수준의 문해력, 공공 문제에 대한 더 많은 지식, 향상된 접근성을 누리고 있다. 민주적 참여에 이르는 통로는 접근하기가 더 쉬워지기는 했지만 헤쳐 나가기는 더욱 복잡해졌다. 미디어가 중요 안건의 숙의에 도움이 되는 광범한 정보를 제공해주기는 하지만, 어마어마한 정보량, 맞닥뜨리는 안건들의 개수, 대중 사회의 민주주의 규모 등은 우리를 압도한다. 늘어난 노동 시간 때문에 사람들에겐 정보가 포화 상태에 이른, 그리고 수많은 대표자들, 수많은 문제들, 수많은 결정 사항들로 넘쳐

나는 정치적 지형을 가로지를 여유가 거의 없다. 셔드슨의 지적에 의하면, 오늘날의 시민은 무심한 것이 아니라 모티터링 방식에 편안함을 느낄 수 있다는 것이다. 셔드슨은 이러한 시민을 '주도하기보다 방어하는' 존재로, 다시 말해 '불참한 시민이 아니라 다른 일을 하면서도 지켜보는' 개인으로 이해했다.[19]

모니터 시민은 복잡한 과부하 정보망 속에 파묻혀 인지적 정서적 멀티태스킹을 하고 있다. 이런 상황은 우리가 시민적 일상을 겪으면서 직면하는 시간적, 공간적 제약이라는 더 큰 문제와 연결된다. 나의 인터뷰 대상자들은 이러한 멀티태스킹을 언급하지는 않지만 대화 중에 수시로 시도하고 있음을 나는 알아차린다. 휴대전화를 늘 가까이에 두고 자주 확인하는 것이다. 공공장소를 걸어 다닐 때에는 사려깊고 편안하며 긴 대화가 이어지곤 한다. 커피 체인점에서의 만남은 직장 휴식 시간에 맞춰야 해서 그런지 보통 짧은 대화로 끝난다. 셔드슨이 말한 모니터 시민은 모니터링 의무를 시민의 주요 의무로 이해한다. 모니터링이 필요한 이유는 공공 행정이나 특히 위기 상황에서 제대로 알고 기여하려면 정보로 무장되어 있어야 하기 때문이다. 이들은 "정보적 환경을 (읽는다기보다) 스캔하여 다양한 문제를 파악한다. 그리고 대단히 다양한 방식으로 이들 문제를 둘러싸고 움직인다."[20] 이러한 모니터링 방식은 나의 인터뷰 대화에서도 자주 언급되었다. 응답자들은 공공 문제에 대해 정보와 지식으로 무장해 있어야 할 필요성을 주기적으로 환기했던 것이다. 정보를 알고 있는 상태에서 당면하는 어려움 얘기도 나왔는데 다만 이는 마지막 질문, 즉 오늘날 민주주의는 무엇을 잘못하고 있는가를 물었을 때였다.

좋은 시민이 되는 방법으로 응답자들이 반복적으로 제시한 것은 더 많이 알아야 한다는 것이다. 시민들은 통치가 어떻게 이루어지는가에 대해 더 많은 정보를 얻고자 한다. 응답자들은 어떻게 상황이 돌아가는지, 어떻게 협상이 타결되는지, 결정은 어떻게 내려지는지 알고 싶다고 말한다. 이는 대중에게 정부의 업무 방식에 대해 교육해야 하는 문제이자 대중과 선출직 관료 사이에 소통 채널을 열어두어야 한다는 문제이다. 시민들은 통치 과정과 의사결정 이면의 이유에 대해 신문 특유의 대본 같은 기사나 공식 발표를 넘어서는 수준으로 알고 싶어 한다. 이런 경향은 모니터링의 실천이라는 표현만으로는 설명이 안될 만큼 정도가 심하다. 응답자들은 자신이 제공받는 정보에 몹시 회의적이다. 그 정보들의 여러 원천 중에는 헛된 약속이나 수사적 책략도 포함되기 때문이다.

모니터링 방식은 시민적 참여의 윤곽을 보여주는 듯하다. 그것은 우리의 반복적 일상과 양립 가능하기도 하다. 하지만 그것은 즐거운 참여 형태인가? 그것은 아레테(areté, 행복하고 도덕적인 상태)로 이끌어주는가? 확실히 그것은 현대적 존재 양상에는 잘 들어맞는다. 대중 대의 민주주의의 규모에도 잘 반응한다. 하지만 정보경찰 노릇을 한다는 게 일이 잘못될 경우 끼어드는 정도의 목적이라면 우리가 꼭 신나게 달려들 일은 아니다. 나의 응답자들은 자신의 소규모 공동체에 온 힘을 쏟아 부었던 얘기를 할 때면 생기가 돈다. 그런 공동체에 공헌한 이야기를 들을 때면 감동에 젖는다. 공동체 참여는 미국의 흑인들 사이에서 끊임없이 오가는 화제이며, 그런 얘기를 할 때 그들은 한층 에너지 넘치는 모습을 보인다. 아프리카계 미국인의 사이버 문화를 연구한 사회학자 캐서린 나이트 스틸(Catherine Knight Steele)과 안드레 브록(André Brock)의 연구가 떠오른다. 나이트 스틸은 제시카 루(Jessica Lu)와 함께 '검은 즐거움'이라는 개념에 대해 글을 썼다. '검은 즐거움'은 흑인들이 지배그룹의 정복과 억압에 저항하는 담론을 터득할 때, 그리고 흑인의 문화를 축하라도 하듯이 온라인 공간으로 그 담론을 이어갈 때 그들이 줄곧 보여준 친밀감을 의미한다.[21] 이들의 담론에는 갈등, 불경, 진지함, 유머, 냉소, 기타 다양한 대화 전략이 절묘하게 혼합되어 깊은 유대를 형성한다. 검은 즐거움은 아렌트가 말한 틈새 유대에 해당한다. 여기서 모니터링 방식은 유용하다. 그런데 그것은 즐겁기도 할까?

한편으로 모니터링 방식은 민주주의 통치에 대한 현대적 요구와 다양한 노동 환경에 접근하는 합리적 방법이다. 다른 한편으로 시간이 갈수록 이런 방식의 감시는 시민적 참여의 통로들을 점차적으로 지워버리고 만다. 이들 통로에 여러 가지 욕망의 길들이 그려져 있다고 생각해보자. 더 많이 밟고 다닐수록 욕망의 길은 더 잘 보이게 된다. 그 길이 선명하면 할수록 기억에 더 잘 남고 접근하기도 더 쉬워진다. 덜 여행하는 길일수록 먼지가 더 많이 쌓이며, 모니터 시민으로서 우리가 막상 찾아 나설 때 눈에 띄지 않게 되는 것이다.

다른 질문도 떠오른다. 모니터링 모델은 접근가능한 정보가 정확하고 유효하고 신뢰할만하고 다양하고 심오하며 진실할 때 작동한다. 일단 정보의 기초가 오염되면 시민의 모니터링 능력은 손상된다. 이는 실제로 그래왔다. 미디어, 정치, 대표자들에 대한 회의적 시선이 점점 늘어났기 때문이다.

시민이 참여할 수 있는 통로가 손상되고 시민이 개입할 수 있는 틈새 길이 붐비거나 막히게 되면 우리는 어떻게 해야 할까? 좋은 시민을 추구하는 일부 사람들은 필요할 때 움직일 수 있도록 뉴스를 탐독하며 정보를 확보하는 모니터링 방식을 택한다.[22] 다른 많은 사람들은 자기 공동체 안에서 작은 실천을 하며 시민적 즐거움을 발견한다. 장인 혹은 호모 파베르(homo faber, 도구를 만드는 인간)는 일하거나 일을 잘하는 것이 주는 즐거움에 몰두하는, 오래 전에 사라진 시민의 모습을 보여준다.[23] 세넷은 후기 연구에서 이를 자본주의 생산 모델이 지배하는 민주주의 안에서 시민권을 향한 시민적 통로를 제공하는 방식이라 하였다. 공적 인간이 몰락하고 장인 혹은 행위자가 등장한 것이다. 의도치 않겠으나 이러한 모델의 개념화에는 남성적 미학이 존재한다. 나는 행위의 즐거움에서 나온 감정을 표현하기에는 검은 즐거움 개념이 한층 의미가 있다고 본다. 이 감정은 세계 곳곳에서 나타난다. 상트페테르부르크의 발레리아는 자신이 마주쳤던 의사에 대해 앞에서 했던 이야기를 이어간다. 그 의사는 발레리아에게 "역사책에 남는 위인은 못 되겠지만 내 공동체에는 중요한 사람이 되고 싶어요."라고 말했었다, 발레리아는 의사 뒤를 따라 길을 걸었고, 모든 사람들이 몸을 돌려 의사에게 인사를 건넸다. 발레리아는 그가 역사에 남는 인물은 못 된다 해도 공동체 안에서는 이미 다른 유명인사만큼 중요해졌음을 깨달았다. 인내, 용서, 신뢰, 탄력성 같은 평범한 일상적 미덕이 민주주의 도덕 체계 안의 사람들에게 좋은 행동을 하도록 이끈다.[24] 훌륭한 시민성은 박애주의 개념과 연결되며 또한 민주주의와 협력에 대한 공통된 비전과도 연결된다.[25]

이런 것들은 시민적 의무의 전통적 범주에 해당하지 않기에 누구에게도 제대로 인지되지 않는 시민의 작은 실천들일 뿐이다. 이들 실천은 투표를 요구하지 않으며, 투표가 지금껏 실망스런 결과를 빚어내 왔다는 이유로 시도되는 경우가 많다. 여기에는 때로 놀이가 포함되기도 하는데, 이런 실천에 대해 얘기해주는 응답자는 거의 없다. 이런 실천들을 시민적이지 못하다고 여기게끔 사회화되었기 때문이 아닐까 추측해본다. 그래도 나는 우리가 리트윗하며, '좋아요'를 누르거나 공유하는 밈과 GIF의 정치적 관련성에 대해, 그리고 이런 것들로 가능해진 정서적 유대에 대해 이야기할 공간을 만들고 싶다. 민주주의에서 놀이, 재미, 풍자의 중요성은 충분히 강조되어야 한다. 정서적인 이완을 가져오고 긴장을 깨뜨려 어려운 문제에 대해 이야기하도록 만들기 때문이다. 내가 평생 연구해온 사람들은 모두 재미가 넘쳤다. 이들은 인터넷과 다른 미디어에서 자신과 남들을 재밌거리로 만들고 지루한 시민적 실천을 거듭나게 했다.[26] 때로는 이런 행동이 그저 재미를 위한 것이다. 또한 때로는 냉소, 유머, 연극이 대화에 참여하기 위한 즉흥적 방법이 되기도 한다. 놀이는 온라인에서든 오프라인에서든 우리가 선호하는 일상 요소를 차용함으로써 수행성을 지닌다.[27] 그리고 이는 과도기적으로나마 권력에 접근하는 길이 될 수도 있다.

시민권은 수행되는 것이고 이 시민권 수행이 시민을 만든다. 생각이 발언을 이끌고 이는 다시 시민의 행동과 협력 활동을 이끈다. 이들 수행은 이후 다시 생각되고 다시 상상되고 조정되고 재중재되고 다시 실행된다.[28] 시민이 시민성을 구현하는 존재가 되는지의 여부는 대화적이며 동시에 변증적인 실천에 달려 있다.

현대적 시민 환경에서 시민들이 불안감을 느끼고 다른 곳에서 시민적 위안을 찾는다는 점은 놀랍지 않다. 대의제 민주주의는 다수결 투표를 통해 여론의 동질화를 이끌지만, 이는 진정한 다원성을 불가능하게 한다. 정치학자 샹탈 무페는 과반수의 의지 존중이 진정한 다원성을 억누르게 되는 필연성을 '민주주의의 역설'이라 이름 붙였다.[29] 대부분의 정치학자들은 대의 민주주의에서의 시민 참여는 불가능하지 않으며, 그것은 결국 절충의 문제라는 보다 온건한 관점을 택한다.[30] 실제로 인터뷰에서 내가 얻은 상당수의 답변들은 민주적 절충의 오랜 과정이 낳은 결과이며, 그러한 절충을 겪은 응답자들 상당수는 민주주의의 미래에 대해 회의적인 태도를 지니고 있다.

하지만 무페는 민주주의의 역설이 극복 불가능한 도전이라 보지 않는다. 그리고 여러 목소리를 다수결로 정리하는 시스템에서는 진정한 다원성이 존재할 수 없으며 정말로 위험한 것은 소수 의견을 다수 의견에 대립하는 것으로 보는 사고방식이라 설명한다. 여기서 불행한 이분법이 나타나고 과반수를 승자로 만듦으로써 소수 의견을 한층 소외시킨다는 것이다. 시민들은 과반수 의견이 승리했다고 서로를 적대시해서는 안 되며, 정치가들 역시 그러지 말아야 한다. 적대감은 의견을 서열화하여 숙의를 방해하기 때문에 다원성이라는 민주주의의 전제와 배치된다. 숙의가 충분한 정보 공유를 바탕으로 한 합의로 우리를 이끈다면 적대적 논쟁은 쓸모없게 된다. 무페는 민주적 정치 입장이 치열하게 충돌하는 '경합적 다원주의'를 제안한다. 이것은 비결정성을 원칙으로 하며, 다원주의적 현대 사회의 다원적인 목소리를 숙의적 민주주의 모델보다 훨씬 더 잘 수용할 수 있다. 구체적으로 말하자면 "'경합적' 접근은 의견 충돌의 실체적 본성과 의견 충돌에 수반되는 배제의 형태를 그대로 인식한다. 합리성이나 도덕성의 장막 뒤로 그것을 숨기려들지 않는다."[31] 이 오묘한 방식으로 여론을 이해하면 인간은 확고하게 정치 적이 되고, 개인은 숙의제 정치의 핵심에 설 수 있다. 예를 들어 토론은 승자와 패자를 가르고 본성적으로 적대심을 불러일으키는 반면 숙의는 승자도, 패자도, 절충도 없는 합의의 형태를 이끈다. 합의라는 것은 모든 분파들이 결정되지 않은 입장으로 공공 문제에 접근할 때에만 가능하다. 이런 입장은 여러 면에서 도발적이다. 첫째, 결정 불가 입장은 관행적으로 의견이나 관심 부재로 여겨져 왔다. 하지만 무페는 개방성에 바탕을 둔 결정 불가를 주장하는 것이다. 둘째, 일부 안건은 결정 불가가 될 수 있지만, 모든 인간이 누려야 할 기본적 시민 권리와 관련된 것이어서 결정 불가가 될 수 없는 문제들도 존재한다. 무페의 경합적 다원주의는 하나의 사회로서 우리가 양도할 수 없는 권리에 해당하는 일련의 핵심 가치를 인정한 상태라고 전제한다.

하지만 정확히 이것이 무페가 추구하는 바는 아니다. 무페는 갈등을 자연스러운 존재 상태이자 합의를 위한 필요조건으로 이해하고 받아들여야 한다고 주장한다. 갈등이 없다면 우리는 합의에 도달할 수 없다. 그럼에도 적대 정치보다 경합 정치를 우선시하는 한 민주주의는 무효화되지 않는다. 예를 들어 트롤링(trolling)은 적대적 행위이다. 그것은 갖가지 위협적인 수단을 동원하여 상대방의 견해를 철저하게 깎아내려 무화시킨다. 또한 그것은 어떤 견해를 약화시켜 보이지 않는 지점까지 밀고 간다.

반면 경합은 약화시키는 것이 아니라 분산을 목표로 한다. 예를 들어 대립적으로 뒤집는 행위는 경합적 사고방식을 반영한다. 장난스러우면서도 대립적인 시민 관행에 대해 생각하자니 루마니아의 실비아가 민주주의란 무엇인가라는 나의 질문에 응답한 말이 떠오른다. "민주주의는 선생님의 질문에 대답하지 않을 권리를 갖는 거죠! 그게 바로 민주주의예요!". 실비아는 나를 능글맞게 쳐다보며 대답했다.

무페는 '갈등적 합의'라는 개념을 도입한다.[32] 이 용어는 개인마다 각기 다른 입장에도 불구하고 서로 공유하는 일련의 규칙에 기반한 진정한 대립을 의미하는데, 엘리자베스 앤더슨이 제시한 평등의 재상상이란 개념과 유사하다. 무페는 경합을 '우리/그들 관계'로 규정한다. 이 관계에서 갈등하고 있는 양측은 서로가 대립적이라는 것을 알면서도 공통의 상징적 토대에서 움직이고 자신들이 동일한 회합에 소속되어 있다고 본다. 이런 맥락에서 '민주주의의 과제는 적대를 경합으로 전환하는 것'이 된다.[33] 경합은 공공 영역의 범위를 벗어난 곳에서는 기능하지 않으며, 대중의 동의보다 자기표현과 반대의견 제시에 더 많은 관심을 둔다. 예를 들어 '점령하라 운동'은 핵심 목표가 없다는 비판을 자주 받긴 하지만, 사실상 경합 운동이었다. 이 운동의 목적은 반대 의견을 묵살하는 것이 아니라 주류가 된 경제적 풍조로부터 분산을 꾀할 기회를 부여하고 뭔가 다른 것을 원하는 사람들에게 일어서서 눈에 뜨일 기회를 제공하는 것이었다. 이와 달리 MAGA('미국을 다시 위대하게 만들자'는 도널드 트럼프의 대선 구호)는 사람들이 일어서서 눈에 뜨일 기회를 똑같이 제공하였지만, 이민, 통상, 세제, 사회복지 분야와 관련해 반대의견을 자주 약화시키면서 적대적인 성향을 드러냈다. 온라인 매체의 직접적 표현과 뒤집기 능력은 반대의견의 경합적 표현을 가능하게 하는데, 이것이 시민의 힘을 꼭 키워주는 것은 아니지만 중심을 분산시켜 의견충돌을 열어둠으로써 민주주의를 고양시키는 것이다.

가령 여론을 모을 필요에 의해 최근 자주 실시되는 국민투표는 적대적이다. 양자택일을 요구해 의견을 양분하고 서로 공격하게 만들기 때문이다. 이와 마찬가지로 매일 우리가 접하는 뉴스를 자동 관리하는 알고리즘도 적대적이다. 우리의 관심을 끌기 위해 경쟁하는 이슈, 사람들, 목소리 등을 강화하는 방식으로 뉴스를 조직하기 때문이다. 경합적으로 조직된 알고리즘은 시민의 문해력, 투명성, 다원성 등을 강조할 것이다.[34] 국민투표는 시민들 간의 즐겁고 신나며 보다 의미 있는 상호작용 기회로 대체될 수 있다.

인터뷰를 진행하면서 내가 느낀 것은 시민들이 대의제가 더욱 다양하게 실행되기를 원하고, 다원성을 높이고 지지하는 프로그램이 더 많아지기를 바란다는 것이다. 현재 이용할 수 있는 시민적 도구나 통로에 대해 불만을 길게 늘어놓는 분위기가 있다. 시민들은 다수의 표가 가리키는 사항과 각각의 지역, 주, 지자체 등이 제시하는 것 사이의 괴리를 지적한다. 대의제의 평등이 이루어지면 시민들이 선출직 관료들과 연결되는 데, 그리고 더 많이 참여하여 덜 회의적이 될 수 있는 방법을 찾는 데 많은 도움을 얻을 것이다.

내가 발견한 문제는 무관심이나 환멸이 아니다. 경합적이고자 애쓰는 시민을 적대적으로 만들어버리는 이 세상이 문제이다. 덜 이론적인 용어로 풀어 다시 애기해보자. 사람들은 모든 것에 가격을 매기는 방식으로 작동하는 사회에서도 자발적으로 공헌하길 원한다. 인터뷰를 통해 반복적으로 들은 바로는, 사람들이 참여하기를 열렬히 원하지만 그 과정에서 우선적으로 마주하는 것은 상업적 방식이라는 것이다. 또한, 감동적인 이야기를 지니고 있지만 예/아니오의 양자택일 상황에서 자신의 미묘한 의견을 증발시킬 수밖에 없는 시민들도 있다. 번뜩이는 개성과 상상력을 가지고 있지만 형식적이고 딱딱하며 지루한 시민적 통로를 통해 참여해야만 하는 사람들도 있다. 시민들은 자신을 보이고 싶어 하고, 남들이 자신의 말을 들어주길 바란다. 불행하게도 현대의 민주주의는 그들을 보이지 않게 만든다.

4장. 새로운 무언가를 향해

혁명은 새로운 시작이 아니라면 아무것도 아니다.[1] 이 장에서는 민주주의에 어떤 변화가 필요한가라는 나의 질문에 대한 답변들을 정리하고자 한다. 나는 더 나은 민주주의를 만들어주는 것이 무엇이냐고 묻고 민주주의의 실패에 대한 미묘한 이야기들을 듣는다. 어떤 답변들은 전적으로 무엇이 잘못되었는가라는 문제에만 초점을 맞춘다. 또 어떤 답변들은 무엇이 달라질 수 있는지를 숙고한다. 민주주의가 이상적이라고 보는 사람은 아무도 없다. 2장은 발언권과 평등에 대해, 3장은 실제로는 보이지 않게 된 고결한 의도에 대해 다루었다면, 이 장에서는 요약된 대화임에도 거기서 추출되는 다음과 같은 일치된 문제의식을 다룬다, 제대로 된 것은 거의 없고 많은 것이 바뀌어야 한다.

물론 변화는 서서히 이루어지고 혁명은 오래 걸린다.[2] 의미를 지니려면 오래 걸려야 한다. 제도가 바뀌면 먼저 민주주의 안에서 그 제도가 차지하는 상징적 위치를 다시 결정해야 한다. 앞장에서 소개한 다수의 사소한 정치적 참여 행위는 민주주의 제도가 어떻게 작동하는지를 재규정하려는 필요에서 나온 것이다. 반복되는 일상 속에서 자신이 속한 소공동체에 헌신하는 이야기를 할 때 사람들은 사회 조직의 작동 방식을 적극적으로 비판한다. 마찬가지로 온라인 토론을 벌이거나, 밈을 공유하거나, 구호를 재생산하거나, 운동에 참여할 때, 사람들은 민주주의 제도의 의미와 영향력을 다시 따져보는 노력을 기울인다. 가령 '#흑인의 생명도 소중하다(BlackLivesMatter)'와 같은 캠페인은 첫눈에 메시지가 확연히 드러나는 선언을 하지 않는다. 그저 구호를 반복함으로써 시민의 권리가 성장했다는 생각과 달리 사회 불평등이 여전하다는 것을 상징적으로 일깨운다. 마찬가지로 '점령하라 운동'도 사람들이 일어서서 눈에 뜨이게 만들면서 민주주의의 핵심적 사회 조직은 재고될 필요가 있다는 메시지를 분명하게 표출하였다. 제도를 바꾸려면 먼저 그 제도를 다시 상상해야만 한다.[3] 시민들은 일상생활을 하면서 이러한 생각을 전달한다. 하지만 그것을 귀담아 듣는 사람이 거의 없다.

전환은 변화의 핵심 요소이지만 전환이든 변화든 둘 다 사람들을 불편하게 만들기 일쑤이다. 내가 여행하면서 사람들과 만나 대화를 나누었던 모든 나라들은 일종의 전환 단계를 밟고 있는 듯했다. 영국은 두 명의 총리를 거치면서 유럽 연합에 잔류할 경우 혹은 탈퇴할 경우 각각 어떤 미래가 펼쳐질 것인지 토론하느라 양분되어 있었다. 영국보다 먼저 이런 문제를 고심했던 그리스는 유럽 연합에 잔류하기로 결정했지만, 경제 위기와 지나치게 잦은 선거 때문에 큰 대가를 치러야 했다. 브라질과 멕시코에서 내가 인터뷰를 진행한 때는 희망과 실망을 동시에 남긴 선거들을 전후로 한 시기였다. 미국에서는 양극화의 분열이 늘 존재한다는 것을 모두가 알고 있는 듯했지만, 그 정도가 어느 수준인지는 모르고 있었다. 독일은 극우파와 극좌파 간의 균형을 절묘하게 맞추어 온 리더십이 위협에 처하는 불안한 전환기를 거치는 중이었다. 모든 것이 엉망으로 돌아가는 시기에 다른 국가들의 공상을 자극하는 캐나다에서도 실망과 충족되지 않은 기대 따위를 줄줄이 늘어놓는 사람들이 있었다.

전환의 형태는 사회 변화에 영향을 미치는 핵심 측면이다.[4] 인류학자 빅터 터너(Victor Turner)는 사회적 드라마, 갈등, 변화 등을 연구하는 가운데, 모든 사회가 한 가지 사회 질서 상태에서 다음 상태로 전환될 때 동일한 유형의 경계성(liminality)을 통과한다고 하였다. 터너는 이 과정을 통과의례적인 진보라고 생각했는데, 여기에는 전환 단계나 개인이 취하는 틈새 입장이 포함된다. 터너는 경계성을 사회적, 구조적 모호성의 시간이라고 이해했다. 달리 말해 "모든 긍정적, 구조적 주장에 대한 거부로서, 그러나 어떤 의미로는 그런 주장들의 원천으로써, 그리고 참신한 생각과 관계가 도출될 수 있는 순수 가능성의 영역으로써" 이해한 것이다.[5] 경계 행위자(liminal actors) 집단은 사회적 표식이 없는 것이 특징이며, 이 덕택에 모든 행위자들은 평등해진다. 위계를 포기함에 따라 그들의 행위는 새로운 구조를 창출하게 되며, 그 안에서는 권한 부여 및 권한 박탈 모두가 가능하다. 터너는 "경계성을 '구조가 없는 행위'와 '구조화된 결과' 사이의 대립으로부터 최고조의 자의식이 형성되는 사회적 삶의 한 국면"으로 이해했다.[6] 이러한 이질적 위계구조(heterarchy)의 순간은 금방 사라지므로, 한 단계로부터 다음 단계로의 전환 과정을 실행하는 것이 중요하다. 좀 더 새로운 기술이 발전해야 그러한 경계성의 상태, 다시 말해 폭넓게 분산되어 상호 연결된 이질적 위계구조가 움직임을 촉진하는 상태를 만들 수 있다는 논의도 종종 제시된다.

변화를 가능하게 하는 것은 경계성, 이해관계자들 사이의 권력 균형, 때맞춰 열리는 기회의 창 등이다.[7] 기술은 해결책이 아니다. 기술은 변화로 가는 길을 제공하지만 변화를 보장해주지는 않는다. 내가 기술 관련 질문을 던지지 않은 이유도 여기에 있다. 나는 인터뷰 대상자들이 스스로 그 주제를 꺼내도록 하고 싶었고, 몇몇은 그렇게 했다,

변화에 대해 생각할 때 사람들은 무엇을 떠올릴까? 권력이다. 변화와 연관된 대화에서도 주제로 떠오른 것은 정보 접근성, 잘못된 정보, 부패, 선거 체제 조정, 돈과 정치, 대의제, 경청 습관 등이다, 이런 대답들은 민주주의나 시민권 관련 질문에 대한 대답이 궁색해질 때 나오곤 하던 것이다. 이렇게 되면 시민들은 대의제의 불평등, 정보 평등, 투명성, 시민적 문해력 등 앞서 제기된 문제들로 되돌아가는 셈이다. 그들은 이런 것들을 문해력, 투명성, 대의제가 제대로 작동하기 위한 조건들과 연계시킨다. 궁극적으로 이런 얘기들은 권력 접근성을 높이자 혹은 권력을 재분배하자는 문제를 우회적으로 언급하는 것이다.

예비조사에 의하면, 시민들은 공공 문제나 전 지구적 주요 문제와 관련해 선출직 공직자가 지니고 있는 지식에 대체로 실망하는 것으로 나타난다. 정치인들이 과학적으로 확인된 사실에 반대표를 던지는 것은 순진한 무지의 소치

인지 아니면 특수 이해관계에 의한 로비의 영향인지 시민들은 혼란스러워 한다. (근래 가장 빈번하게 언급된 이슈는 백신 접종, 지구 온난화, 새로운 미디어 기술 관련 지식이다.) 인터뷰 대상자들은 '선출직 공직자들의 시민적 문해력' 결핍 문제도 자주 끄집어낸다. 그래서 어떤 이들은 선거 이전과 이후 양쪽에 공직자 필수 교육 프로그램을 마련해서 동시대 문제와 장기적인 중요 문제의 세세한 부분에 대해 공직자 교육을 시행할 것을 제안한다. 공직에 출마하기 전, 후보자들은 일종의 시민 훈련이나 자격 증명을 받아야 한다는 것이다. 유럽 연합의 일부 국가들은 외교 분야를 중심으로 그런 프로그램을 지원하고 있다. 반면 미국에는 국제 문제에 초점을 맞춘 프로그램이 거의 없지만, 공립이나 사립대학에서 학비를 내는 학생들에게 그런 프로그램을 제공하기도 한다. 호주, 멕시코, 일본, 페루, 가나, 한국은 소수의 해외 서비스 프로그램이나 국제문제 프로그램에 국가보조금을 지원하고 있다. 이런 프로그램은 집중 훈련 과정으로 확장될 수 있고 누구나 감당할 수 있는 비용에 널리 제공됨으로써 계층 분화 재생산을 피할 수 있다. 인터뷰 대상자들은 능력, 교육, 지식 면에서 충분치 않은 후보자들 중에서 한 명을 선택해야만 하는 일이 너무 많다고 토로한다. 많은 사람들이 중요하게 지적한 것은 공직자가 표를 주고 통치를 받는 시민들보다 교육을 덜 받고 정보가 부족해서는 안 된다는 점이다. 우리는 최고를 뽑아야 하는 것이다.

어떤 변화가 있어야 하는지를 따져보는 가운데 인터뷰 대상자들이 호감을 표한 것은 도시국가, 더 작은 국가, 더 작은 민주주의 같은 것들이다. 통치의 조직과 규모를 재편하여 더욱 직접적인 형태의 민주주의를 실현하고 그것에 힘을 실어주자는 의견이다. '민주주의의 재조직과 재고'라는 문구가 자주 등장하는 것도 이러한 맥락에서이다. 내가 들은 얘기는 참으로 다양한데, 그 중 하나가 의사결정보다 관리에 중점을 두는 국가 통치 형태이다. 만약 그렇게 된다면 선출직 공직자들은 국가적 차원이나 전 지구적 차원에서 갈등 관리, 타협, 협상 등의 전문가가 될 수 있을 것이다. 또한 지역 대표들은 지역 정치에 더 많은 시간을 쓸 수 있다. 저널리즘 및 기타 채널이 등장하여 마을, 지역, 전국 단위의 통치를 연결하게 될 것이다.

인터뷰 대상자들은 민주주의 수호를 강력하게 주장한다. 그들은 민주주의를 잘 돌보고 지키려 한다. 마치 민주주의가 잘 보듬고 소중히 다루며 보호해야 할 무언가가 되는 것 같다. 권력을 지닌 사람들은 민주주의에 대한 이해가 다르다는 공감대가 커지고 있다. 일반인들과 통치자들 사이에 단절이 있는 것이 분명한데, 민주주의는 이러한 단절을 제거하는 것이지 강화하는 것이 아니다.

포퓰리즘 이야기

우리가 민주적 과정의 결과를 보고할 때, '일반 투표(popular vote)에 의해'라는 문구를 자주 사용하는 것이 하나의 관행이다. 일반 투표에 의해 정책이 승인되고 공직자가 선출되며 결정이 내려진다. 그런데, 무엇이 일반인가? 또 일반적인 것은 민주적인가? 일반 투표는 가장 많은 사람들이 선택한 결과를 드러내주고 그럼으로써 다원적 목소리가 아닌 다수의 목소리를 반영한다. 일반 투표에 의해 혹은 일반 대중적인 것에 의해 전체 의견이 대표될 수는 없는 법이다. 오히려 역사는 일반 투표가 인간 존엄성에 반하는 행위를 자주 승인해왔다고 가르쳐준다. 침묵하는 과반수에게는 인간성에 반하는 범죄의 길을 거꾸로 돌릴 능력이 역사 과정 내내 없었던 것이다.

일반 대중의 길은 신나면서도 위험하다. 그것이 많은 이들의 소망을 안고 있다는 점에서 신나지만, 다수의 의지가 쉽게 이용당할 수 있고 때때로 우리가 원하는 것에 의해서가 아니라 가망성 있는 것에 의해 결정된다는 점에서 위험하다. 이 마지막 부분의 문구는 내가 세계를 돌며 대화를 나눌 때 하나의 후렴구처럼 반복해서 울려 퍼지곤 했다. 아프리카계 미국인으로 공무원을 지냈으며 고향 시카고의 시장 선거에도 한 번 출마했다는 매미는 "사람들은 정치, 문화, 민주주의를 헷갈려 해요. 같은 것들이 아니잖아요. 대중문화가 방해되기도 하구요."라고 말한다. 매미는 대중적인 것이 사람들에게 언제나 꼭 최선은 아니다라고 애써 말하고 싶은 것이다.

그렇지만 대중에게 인기 있는 것은 관심을 끌거나, 감정을 자극하거나, 시민들의 표를 붙잡기 위해 자주 동원된다. 나와 대화를 나누었던 전 세계 응답자들도 이런 경향을 알고 있으며, 동시에 그것과 싸우기에는 장애가 많다는 것도 인식하고 있다. 파키스탄 출신의 난민 우즈마는 지도자들이 자신의 이익을 챙기기 위해 민의를 핑곗거리로 이용해먹는 얘기를 길게 늘어놓았다. "사람들은 명성을 쫓아가죠. 다수의 사람들이 뒤따르고요." 역시 파키스탄에서 왔다는 우즈마의 친구 우마이르는 "세상엔 포퓰리스트들 천지예요. 그런 리더들이 공약을 내걸면 국민들이 휘둘리죠."라면서 "투표할 때 자기 자신 말고 국가 발전을 먼저 생각해야 해요."라고 덧붙인다. 모로코의 크릴리드는 정치가들이 표를 얻기 위해 동원하는 방법들을 이야기하면서 "사람들은 선택할 게 많은 걸 원해요. 덜 나쁜 걸 골라야 할 때가 많거든요."라고 결론을 내린다. 그리스의 니코스는 "좋은 시민이 되려면 감정과 논리를 조화시켜야 돼요. 그래야 포퓰리즘을 피할 수 있거든요."라는 말로 물고물리는 이런 식의 대화를 마무리한다. 국민투표는 직접 민주주의와 즉각적인 선택이 가능함을 뜻하기도 하지만, 포퓰리스트들의 사탕발림 말에 의해 악용되기도 한다. 시민들도 이런 경향을 잘 알고 있다. 그래서 국민투표를 할 때에는 단순히 예/아니오 식의 양자택일을 넘어서 좀 더 다양하고 절묘한 선택을 할 수 있는 그런 투표를 환영하는 것이다. 독일의 카린도, 영국의 토머스도 모두 여기에 고개를 끄덕인다.

포퓰리즘이란 대체 무엇인가, 이것은 대중적인 것과 정확히 어떻게 연결되는가? 이 주제에 대한 연구로 잘 알려진 정치 이론가 에르네스토 라클라우(Ernesto Laclau)에 따르면 포퓰리즘은 우파, 중도파, 좌파 이데올로기에 두루 편입될 수 있는 변증적 정치 논리로 이해된다. 부인이자 연구 동료인 샹탈 무페와 함께 라클라우는 자유와 평등의 중요성에 대해 여러 차례 글을 썼다. 이들은 두 개념의 가치를 인정할 뿐 아니라 이를 위해 싸우고 그 의미를 계속 재정의함으로써 민주주의를 생생하고 활력 있게 유지하는 게 중요하다고 하였다. 이것은 민주주의가 우리와 함께 진화하는 유일한 방법이며, 앞서 현대 시민들과 연결해 소개했던 무페의 경합적 다원주의를 향한 길이기도 하다.

라클라우가 포퓰리즘을 다룬 자신의 가장 영향력 있는 저서의 제목을 『포퓰리즘의 근거에 대해(On Populist Reason)』라고 붙인 것은 의미심장하다. 포퓰리즘에 근거 따위는 없다고 보는 이들도 있지만 라클라우는 그것이 논리를 가지고 있으며, 그것 자체의 진행이 있다고 주장한다. 포퓰리스트들은 강연에 의존하여, 후렴구 같은 반복 화법을 활용함으로써 관심을 끌고 문제의 복잡성을 감춘다. 라클라우는 포퓰리스트가 '공허한 기표(empty signifier)'를 자주 사용해 대중을 추상적 개념에 연결시킨다고 설명한다. 이 용어는 1920년대 중반 이탈리아의 무솔리니 파시스트 정권에 의해 사상범으로 투옥되었던 저명한 철학자 안토니오 그람시의 연구에 뿌리를 둔다.[8] 그람시는 문화적 과정이 대중의 관점을 강화하고 재생산하면서 어떻게 헤게모니를 다져나가는지를 설명한 것으로 더 잘 알려져 있다. 헤게모니는 민주주의 정권에서든 비민주주의 정권에서든 엘리트가 타인에 대해 권력을 주장하고 보유할 수 있도록 하는 이데올로기적 우월성의 한 형태이다. 기호학자 클로드 레비스트로스(Lévi-Strauss)는 실제 의미는 없고 따라서 다양하게 해석할 수 있는 용어를 '개방형 기표' 혹은 '부유하는 기표(floating signifier)'라 불렀다.[9]

그람시와 레비 스트로스의 영향을 받은 라클라우는 감정적 문구의 반복 아래 결집된 사람들을 앞에 두고 공허한 기표들이 어떻게 대중적 사고를 강화하고 재생산하는지를 설명했다. 공허한 기표는 진정한 이데올로기적 효능을 전혀 지니지 않기 때문에 포퓰리즘을 촉진한다. 공허한 기표는 지극히 추상적인 의미를 가지므로, 사람들은 그 추상적 관념에 나란히 붙어서 자신의 신념과 배치되지 않는 방식으로 그것을 해석하고 지지한다. 브렉시트는 현대판 기표이다. 유럽 연합 탈퇴를 원하는 사람들이 저마다 복잡한 감정과 이유를 지니고 있음에도 불구하고 그들을 한데 묶어줄 수 있을 만큼 추상적이다. 이 용어 자체는 어떤 해결책도 내놓지 않으며, 복잡한 토론을 이끌어내지도 않는다. 다만 사람들을 감정적으로 호응하게 하고, 일어서게 하며, 그 대략적인 아이디어의 지지자로서 지목되게 한다. MAGA(미국을 다시 위대하게 만들자)는 또 하나의 공허한 기표이다. 기본적으로 반대하기 어려운 추상적 개념이다. 미국이 나빠지기를 바라는 미국인이 어디 있겠는가. 그래서 이것은 의미 없는 공허한 구호가 된다. 사람들은 구호 뒤에 서서 입맛대로 구호의 의미를 새기고 해석한다. 그러면서 그들은 집결하여, 구체적인 정책을 콕 집어 말하기에는 너무나 개괄적인 아이디어, (개념상으로는) 그 누구도 배제할 수 없을 만큼 충분히 광범한 아이디어에 지지를 표명하는 것이다.

포퓰리스트의 화려한 수사가 등장하면서 공허한 기표가 자주 구호로 사용된다. 감정에 호소하는 반복이 없다면 포퓰리즘 전략은 작동하기 어렵다. 반복구는 보통 지도적 인물에 의해 도입된다. 라클라우가 보기에 이 지도자는 자주 성유를 바르는 대중적 메시아 같은 인물이다. 이 인물은 수사학상으로 그리고 정서적으로 군중과 연결되어 있으며, 모든 문제를 마법처럼 한방에 끝내버리는 존재로서 등장한다. 모든 시대, 모든 국가, 모든 상황에 저마다 대중적 메시아가 존재한다. 대중적 메시아는 개인 간 대화 관례와 전통적인 의견 공표 관행을 결합하는 메커니즘에 의해 현저하게 부각된다. 그러면서 민주주의에 널리 퍼져 있는 전통적 의사소통 채널을 회피하는 동시에 이용한다. 이런 까닭에 포퓰리즘 리더들이 주류와 어울리면서 주의를 끌거나 메시아식의 사탕발림 약속을 던지는 것을 드물지 않게 볼 수 있다.[10] 그들은 상징적 의미 뿐인 공허한 기표를 활용하고, 독립 채널을 통해 민주주의 관행들을 교란시키 거나 유권자들과의 직접 소통에 나서기도 한다.[11] 이렇게 하면서 포퓰리스트 들은 자신의 순수한 메시지를 더럽히는 중개자들을 몰아내겠다고 하고서는, '우리 대(對) 그들' 식의 사고방식에 입각한 분열적 양자구도를 설정한다.

항상 존재하는 포퓰리즘 경향에 어떻게 저항할 수 있을까? 대중의 인기에 호소하는 전략을 완전히 뿌리 뽑을 방법은 있을 것 같지 않다. 우리는 앞으로 도 계속 쉬운 해결책에 혹하고 화려한 수사에 넘어갈 것이다. 포퓰리스트들은 어떤 종류의 이데올로기든 구석진 곳에서 등장하고, 아무리 교육을 많이 받아 도 포퓰리즘에 대한 완전한 면역은 불가능하다. 앞으로도 늘 포퓰리즘이 우리 와 함께할 것이다. 이는 민주주의의 영원한 결함이다. 절대 사라지지 않는다. 다수결 원칙이 있는 한 포퓰리즘은 필연적으로 따라 나온다. 민주주의 사회든 아니든, 자본주의든 아니든 상관없다. 포퓰리즘은 불안정한 상황에서 번성한 다. 우리가 포퓰리즘의 걷잡을 수 없는 물결을 겪는 시기는 경제 불안이 길게 이어진 이후이다. 바로 이런 시기야말로 사람들이 자포자기해서 손쉬운 해결 책의 먹잇감으로 전락하는 때이다. 손쉬운 해결책이라면 아무리 추상적이어 도 상관없는 것이다.

우리가 포퓰리즘을 영구적인 상태로, 혹은 민주주의의 사라지지 않는 바이 러스로 받아들인다면, 우리는 그것을 어떻게 다루어야 하는지를 배워야 한다. 항체를 개발하고 방어 메커니즘을 구축해야 하는 것이다. 민주주의를 어떻게 더 낮게 만들 것인가? 모든 인터뷰 응답에 나오는 첫 번째 주제가 '포퓰리즘 없애기'이다. 이 표현은 멕시코 출신 루이스의 것이다. 사람들은 포퓰리즘이 자아와 불안감에 연결되어 있음을 아는 것 같다. 많은 응답자들이 개인적 이익이나 불안을 제쳐두고 정직한 약속을 하는 지도자를 선택해야 한다고 말한 것이다. 브라질의 레지나는 국민의 요구를 정말로 충실하게 받드는 정직한 사람을 뽑아야만 민주주의가 나아질 것이라 말한다.

탈레반을 피해 아프가니스탄을 탈출한 후세인은 민주주의가 번성하려면 재정 안정성뿐 아니라 모든 종류의 안정성이 필요하다고 예지력있게 말한다. 불안정은 정치적 문제를 포함해 수많은 문제들의 뿌리이다. 한편 확신과 표용성은 포퓰리즘의 늪을 벗어날 수 있는 방법으로써 많은 응답자들의 가슴에 공공연하게 품어져 있다. 뉴욕의 드루는 "민주주의가 숨 쉬도록 해야 해요. 문을 열어 민주적이지 않은 것들도 들어오게 해야죠. 민주주의를 강제할 수는 없어요. 온갖 유형의 리더들이 등장하죠. 민주주의는 생각보다 훨씬 취약한 제도예요."라고 말한다. 민주주의는 탄력이 있다고는 해도 정말로 연약하다. 인생엔 그런 것들이 많은 것 같다.

부패의 비용

오늘날 민주주의의 문제점에 대해 얘기 나눌 때 첫 번째로 등장한 주제는 낡았으면서도 새로운 문제였다. 포퓰리즘 경향을 증폭시키지 않고 일반 투표를 진행하는 어려움이 그것이다. 두 번째 주제 역시 익숙하기는 마찬가지인

데, 재정이 허락하는 범위 안에서 일반 투표를 진행하려 할 때 부닥치는 도전이다. 사람들은 부패가 새로운 것인 양, 혹은 자신의 사회문화적 맥락에만 있는 특수한 것인 양 말하곤 한다. 실은 그렇지 않다. 부패를 허용하지 않는 정치 경제 구조는 없는 것이다. 부패는 부정직함에 다다른 인간 행동의 결과이다. 어떤 시스템적 요인 때문에 부패가 더 쉽게 이루어질지는 몰라도 시스템에 책임이 있는 것은 아니며, 시스템이 부패를 완전히 몰아낼 수도 없다. 민주주의의 다른 많은 문제들과 마찬가지로 부패는 오랜 동반자이다.

부패에 대해 말하는 사람들은 그 다양한 모습과 원인을 이미 알고 있다. 인터뷰하면서 나는 오늘날 민주주의와 정치의 일차적 문제가 부정직함이라는 말을 들었다. 미국의 활기찬 은퇴자이며 대담자 중 최고령일 듯한 마이클은 정직함과 투명성을 응원하면서, "정치인들은 자신의 생각에 정직해야 돼요, …… 자기 자신이 되어야 하는 거죠, 그저 당선되고 싶어서 아무렇게나 말하면 안 돼요. 로비 받았다고 원칙 바꿔도 안 되고요."라고 말한다. 그리스와 에콰도르 출신 크리스티는 차분하고 냉소적인 어조로 대화를 시작하다가, 부패와 권력 남용 때문에 민주주의는 세상 어디에도 존재하지 않는다고 직설적으로 말을 내뱉는다. 권력 남용이 워낙 오래 지속되다 보니 투표 행위에 환멸을 느끼게 된다고 덧붙인다. 사람들은 투표 행위에 아무런 의미도 없다고 생각하면 투표할 이유를 찾지 못한다. 우마이르와 우즈마도 정부들이 정직하기보다 편파적이라 생각하는 것 같다. 그들은 시민들이 자각하고 경계해서 정치인들을 일하게 만들 의무가 있다고 오랜 시간에 걸쳐 얘기한다. 우즈베키스탄의 카리나는 부패 정치인들을 감시하는 일은 누구에게도 즐겁지 않다면서 이런 감시의 필요성은 투명성, 즉각성, 정직한 소통을 염원하게 만든다고 지적한다. 부패가 있으면 사람들에게는 환멸밖에 남지 않는다고 덧붙인다. 크릴리드는 자기 조국 모로코에서는 정치인들이 돈을 주고 표를 산다고 직접적으로 말한다. 시리아의 히바와 루시안은 돈 주고 표를 사거나 시민들을 압박하는 다양한 방법에 대해 말하면서 투표에 더 큰 자유가 필요하다고 언급한다.

부패 관련 이야기는 끝없이 이어지고 일단 시작되면 다른 화제가 불가능해진다. 오랜 침묵과 시민권에 대한 교과서적 정의는 어디론가 사라져버린다. 부패 이야기는 분노 섞인 답변도 쏟아낸다. 독일의 아네트는 "투표가 너무 복잡해요."라고 일침을 놓는다. 60대 초반의 은행원인 독일인 카리나도 로비스트와 대기업들이 시민들의 투표에 과도하게 큰 힘을 행사한다고 설명한다. 미국인 마크는 국가가 "돈을 움켜쥔 손을 주머니 깊숙이 찔러 넣은 사람들에 의해 좌우된다."면서 "우리 사회를 움직이는 게 무엇인지 생각하면 슬퍼지죠. …… 사람들이 원하는 것, 그건 돈이에요."라고 체념조로 결론짓는다. "돈을 가진 사람은 목소리가 커지죠. '난 네 돈이 필요해. 뭘 해주면 그 돈을 줄 거니?'라는 괴상한 방식으로 돌아가는 세상이거든요"이런 생각으로 우리 사회가 돌아가고 있다고 그는 덧붙인다. 캐나다의 네이선은 민주주의를 바로잡으려면 "기업에게서 돈을 빼앗아야 해요."라고 경종 울리듯 외친다. 건물관리 일을 한다는 미국인 레니스에게 "어떻게 하면 민주주의가 더 나아질 수 있을까요?"라는 질문을 던지자 레니스는 지구 상에서 가장 순진한 사람을 보는 듯한 시선으로 나를 뚫어지게 응시한다. 그러고는 "사람들이 삐뚤어지는 걸 막아야죠."라고 짧게 내뱉는다. 이어서 "그거, 행운을 빌어요."라고 재빨리 덧붙인다.

화제가 급작스레 선거 과정 쪽으로 옮아가, 선거 메커니즘에 의해 부패가 야기되고 증폭된다는 얘기가 이어진다. 미국의 클리프는 이해관계가 둘로 나뉘어 대립하는 상황이 많아지면서 시민들은 대안 없이 버려진 느낌을 받게 된다고 말한다. "양쪽 사이에 회색 지대가 많이 있는데도 둘 중 하나가 되어야 하는 거예요." 펜실베이니아에 거주하는 은퇴한 학교 심리상담사 매튜는 "대표자 선출 과정에서 돈을 몰아내어" 유권자들에게 선택의 폭을 넓혀주어야 한다고 열성적으로 얘기한다. 이런 비판에 이어 매튜는 선거 운동 기간을 줄이고 공공 선거 기금을 조성하자는 대안도 내놓는다. 네이선도 같은 문제를 지적하며 자신의 조국 캐나다의 경우 선거기간이 짧아 유권자들의 피로감이 적다고 설명한다.

나는 여러 학자들의 연구를 떠올리고 있다. 가장 두드러지게 생각나는 인물은 하버드의 정치학자 토머스 패터슨(Thomas Patterson)인데, 그는 대부분의 연구 경력을 미국의 장기간 선거 운동이 어떻게 민주주의 과정을 망치고 대중을 소외시키는지를 다루는 데 소비했다. 패터슨의 유명한 저서 『고장난 정치(Out of Order)』는 미국 대통령 선거 2년 전부터 시작되는 선거 운동 때문에 후보자들이 과도한 비용 부담을 지면서 결국 이해집단의 로비 상대가 된다고 지적한다. 길고 긴 선거 운동 과정은 후보자 자신, 미디어, 시민들을 모두 지치게 만든다. 미디어는 선거판을 경마 대회 같은 경쟁 구도로 다루면서 경마 정신이나 어휘까지 이용하여 긴 선거 기간 동안 시청률을 유지하려 한다. 그러나 심층 보도는 점차 줄어든다. 왜냐하면 선거 유세 여행 중에 똑같은 약속, 똑같은 가두연설을 반복하며 악수정치나 줄기차게 해대는 후보자들을 따라다니는 데 리포터들도 넌덜머리가 나기 때문이다. 시민들 역시 동일한 연설을 몇 번이고 반복해서 듣는 것에 지치게 되고, 내실 있는 보도가 나오지 않으면서 미디어와 정치인들을 향한 시민들의 냉소적 태도가 생겨난다.[12] 패터슨의 권고는 매튜와 매우 흡사하다, 선거 운동 기간을 줄이고 선거 자금 배분의 투명성을 높이자는 것이다.

적어도 미국에서는 여전히 긴 선거 운동이 지속되고 있다. 그 과정에서 후보자들은 타협을 모르는 독자적 입장을 가진 것으로 제시되면서 등급이 매겨진다. 그 결과 "극단화와 적대감이 커져서 모두가 모두를 미워하는 세상이 돼요."라고 미국의 마이클이 지적한다. 이런 지적은 지구 곳곳의 다른 응답자들의 발언에서도 공명한다. 그들은 상이한 선거 과정과 다양한 미디어 체계를 경험하고 있지만 그들이 똑같이 우려를 보이는 것은 극단화, 유해성, 적대감 등이다. 이런 것들은 모두 경제적 편법을 시도하려는 욕망에서 빚어진 것이다. 멕시코시티의 택시기사 루이스는 부패가 문화적으로 뿌리 깊다고 말하면서 분노한다. 법규로 해결할 수 있는 문제가 아니라는 것이다. 그리스의 약사 올가는 정치에서 정직의 중요성을 말한다. 알바니아 탈출 난민 제니는 내 질문이 미처 끝나기도 전에 "부패요."라고 내뱉는다. 가나의 하미드는 일하고 싶고 최선을 다하고 싶지만 늘 부패가 앞을 가로막는다고 말한다. 러시아의 예카테리나는 민주주의가 위대하지만 결국 불가능한 유토피아에 불과하다고, 부패 때문에 결코 도달할 수 없다고 말한다.

선거 과정의 부패 이야기는 선거 운동에 영향을 미치는 특수 이익집단, 특권을 누리는 후보자들, 혹은 상대방보다 더 큰 목소리를 내기 위한 돈의 사용 등과 같은 구체적인 논의로 빠르게 넘어간다. 미국에서 인터뷰를 진행하는 동안, 나는 부당한 선거구 획정과 그에 따라 심각하게 악화된 정치 극단화의 문제에 대해 불평하는 소리를 점점 더 많이 듣는다. 인터뷰를 끝내고 집으로 돌아와 텔레비전이나 온라인으로 뉴스를 접하면, 정치인들의 판에 박힌 언어를 만나게 되고, 민주주의 절차에 공고히 자리 잡은 자본의 문제에 대한 똑같이 모호한 답변을 듣게 된다. 사람들은 충실성과 신뢰의 결핍에 대해, 그리고 정치에 끼어들면서 노인, 학생, 환자, 퇴역군인의 권리를 침해하는 기업들에 대해 얘기한다. 시스템이란 것은 모두를 위한 최선의 이익을 고려할 필요가 있지만, 나의 인터뷰 상대자들은 자신의 이데올로기적 성향과 무관하게 자본주의의 금융 헤게모니가 이것을 망쳐놓는다고 똑같이 생각한다. 이러한 생각이 메아리처럼 반사되어 더 크게 울려 퍼진 것이 마이클의 다음과 같은 말이다. "기업들은 무한정한 돈을 쏟아 부으며 선거판에 영향을 주는 거죠. 이건 1인 1표제를 거스르는 거예요. 요즘은 특수 이익단체가 더 큰 목소리를 내잖아요."

미국 이외의 국가들에서도 개혁 요구는 세금 부담이 더 커질 것이라는 이유로 미지근한 반응을 얻는 데 그친다. 세금을 더 내고 싶어 하는 사람은 아무도 없지만, 조세 규모를 강조하는 것은 기업을 포함해 특권을 누리는 자들이 높은 세율의 세금을 부담하면서 자신의 이익을 높이는 것이 아니라, 상당한 규모의 자산을 투척하여 모두를 위한 사회 조건 개선에 공헌하고 있음을 알리려는 듯하다. 이런 얘기는 내가 여행하며 배경이 다른 사람들과 대화를 나눌 때도 합창처럼 다시 들려온다. 자본주의는 민주주의와 상충하지만, 이 두 가지는 우리가 가진 전부이다. 대안은 없으며, 자본주의 입장이 강해질수록 민주주의 통치의 유지는 약해지는 듯하다. 그러니 자본주의는 더 부드럽게, 민주주의는 더 강력하게 만들어야 한다.

자본주의가 이로움을 유지한 채 부드러워지려면 어떻게 해야 할까? 이것은 감당하기 어려운 문제는 아니지만 창의적인 사고를 요구한다. 민주주의와 자본주의의 양립 불가능성을 지적한, 혹은 그 두 가지의 양립 가능성을 기대하는 것이 미친 짓임을 인식한 학자는 나 혼자만이 아니다. 가장 큰 문제는 경제적·정치적 조직을 위한 우리의 지배적인 두 체제가 서로 심하게 충돌하는 관계에 놓여 있다는 사실이다. 그렇다고 두 체제가 함께 잘 작동될 수 있도록 다시 설계하지 못할 것도 없다.

지난 세기의 역사적 발전을 통해 분명히 알게 된 사실은 자본주의가 우리의 생활 속에 확고히 존재하고 있지만, 그에 대한 불만을 표출하는 운동도 꾸준히 일어났다는 점이다. '점령하라' 운동과 스페인의 '분노하라(Indignados)' 운동이 가장 최근에 제시된 사례이다. 자본주의에 대한 불만 표출은 일찍이 여명기 산업화 시대에 일어난 노동자 운동에까지 거슬러 올라간다. 심지어 그 이전에도 소규모 노동자 무리가 경제적 정치적 조종자들에 시장이 휘둘리면서 나타난 부의 불균등 분배에 조직적으로 저항한 적이 있다. 시장이 경쟁이라는 보이지 않는 손을 통해 부의 공정한 분배라는 마법을 부릴 수는 없다. 경쟁은 사회에 이로운 것이며, 시장에서 무성하게 자라난다. 하지만 시장은 모든 플랫폼이 그러하듯 편향성을 띠고 있으며, 이 편향성은 우연하게 혹은 의도적으로 저울을 기울이면서 어떤 이들을 이롭게 하고, 또 어떤 이들에게는 쉽게 악용되기도 한다. 멜빈 크란츠버그(Kranzberg)가 기술에 대해 남긴 유명한 말을 살짝 바꿔 표현해보자면, 시장은 기술의 한 형태이고, 따라서 좋지도 않고, 나쁘지도 않으며, 중립적이지도 않다.[13]

사회 과학자들뿐 아니라 최근에는 경제학자들까지도 자본주의 메커니즘을 혁신해 민주주의와 조화시키고 최신 상태로 끌어올리는 문제를 고민하고 있다. 이것은 민주주의만 바꿔서 될 문제가 아니다. 우리는 1700년대의 어느 시점에선가 핵심적인 형태를 갖추어 당시의 주도적인 모델이 된 자본주의를 아직도 고집하고 있다. 그때의 자본주의는 상품을 거래하는 경제로부터 출발했다, 우리는 20세기의 대부분을 서비스를 거래하는 데 썼으며, 지금은 주로 정보를 거래하며 미래를 소비하려 한다. 시장 구조의 토대를 재편하지 않는다면, 우리는 수세기 전에서야 효능을 발휘했던 표준에 의거해 정보 거래를 이어가게 된다. 그러는 과정에서 우리는 격렬한 발전을 통해 과대평가된 악성 이익을 거두다가, 이익 마진이 평균에 맞춰지면서 불균형 손실을 입게 되는 악순환 속에서 금융 버블을 끊임없이 만들고 키우다가 영원히 터뜨리게 될 것이다. 캐나다의 케이트는 자신이 민주주의 체제에서의 연령차별주의와 젊은 이의 욕구, 필요, 습관을 고려하지 않는 그 무능함에 대항해 얼마나 자주 투쟁하고 있는지를 얘기한다. 안나는 "캐나다의 민주주의는 소외된 사람들을 돌보는 데 실패했어요. 원주민들을 정치에 참여시키지 못한 거죠. …… 다수결에 의거하는 것도 문제예요. 많은 것들이 제한되니까요."라고 말한다. 역시 캐나다인인 네이선은 바로 이 문제를 콕 집어내어 현지의 소규모 공동체와 일하는 것에 대해 얘기를 하는데, 상트페테르부르크에서 발레리아가 했던 말을 떠올려준다. "연방이 너무 강조되다 보니 우리는 그보다 작은 것들을 놓치고 있어요."

이 문제와 관련해, 에릭 포스너(Eric Posner)와 글렌 바일(Glen Weyl)의 '급진적 시장(radical markets)'에 관한 연구는 꽤 적절해 보이며 몇몇 현대적 대안을 제시해준다.[14] 여기서 '급진적'이라는 용어는 경제적·정치적 체제 모두를 뒤엎자는 의미가 아니다. 저자들은 시장의 중요성과 타당성 및 금융 제도의 지배적인 양식으로서 자본주의가 차지하고 있는 핵심적인 지위를 인정한다. 저자들은 자본주의를 강탈하려고 노력하는 것이 아니라 그것을 조정하고, 고정하고, 수정하며, 최신화하는 데 초점을 맞춘다. 책 한 권으로 시작하여 지방 및 중앙 정부와 다수의 협력 관계를 신속하게 이끌어내기도 한 포스너와 바일은 정치와 경제를 좀 더 조화롭게 엮고자 하며, 자본주의가 민주주의를 더 잘 지탱할 수 있도록 자본주의를 조정하려 한다. 그들은 여러 가지 부드러운 조정 방법을 제안하는데, 그중의 몇몇은 우리가 이미 익숙해져 있는, 소득 수준에 상응하는 엄격한 과세 방식 대신 절묘한 과세 평등에 초점을 맞춘다. 나아가 그들은 사람들이 자신의 근접성, 유산 혹은 사회문화적 지위 때문에 이해관계가 크게 걸린 문제에 대해서 보다 강력한 목소리를 낼 수 있게 하는 투표 및 정치 참여의 방법을 제안하기도 한다.

사실 이러한 것들은 소규모 수준의 공동체 조직에 기반하는 복잡한 모델에서 가능하다. 소규모 수준에서는 한나 아렌트의 유명한 개념인 이른바 틈새 유대가 복원된다. 중간규모와 대규모 수준에서는 느슨하지만 투명한 유대를 활용하여 소규모 공동체들 간의 협력을 촉진한다. 민주주의를 작은 사회의 맞춤형 제도적 관습으로 만들고 규모가 커져도 본질을 잃어버리지 않도록 하는 방법이다. 나아가 집단보다 개인을 우위에 두고 번성하는 자본주의 제도에서 개인의 욕구와 집단의 필요를 조화시킬 수 있는 프로그램이기도 하다. 이런 프로그램 하에서 경제 조직들은 규모의 경제를 유지하며 이윤을 내지만 규모를 키울 때에도 인간적인 방식을 택함으로써 내가 말하는 부드러운 자본주의, 강력한 민주주의에 이를 수 있다. 이 모델과 이와 관련된 내 생각에 대해서는 다음 장에서 논의를 더 진전시키겠다. 그 전에 먼저 얘기하고 싶은 것은 사람들과의 대화에서 등장한 마지막 주요 주제, 무엇이 민주주의를 병들게 하고, 어떻게 해야 민주주의를 더 좋게 만들 수 있을까이다.

교육

인터뷰 끄트머리쯤 가면 사람들은 그래서 지금까지 무엇을 알아냈느냐고 내게 묻곤 한다. 다른 나라 사람들이 민주주의나 시민권을 어떻게 정의하는지 알고 싶은 것이다. 세계 곳곳의 사람들이 자신과 동일한 관심사를 지니고 있는지 여부를 몹시도 듣고 싶어 한다. 이 책을 준비하는 과정에서 나는 다양한 공동체 조직, 민간 기업, 교육 기관도 방문했다. 내 인터뷰 결과와 분석을 공유하고 조언을 받고 싶었던 것이다. 이 책 작업에 대해 소개를 할 때 제일 많이 받는 질문은 "사람들이 소셜 미디어에 대해서는 뭐라고 하던가요? 뉴스 매체는요?"였다.

"아무 말 없었어요." 나는 주로 이렇게 대답하고 상대의 놀라는 표정을 보며 웃곤 했다. 하지만 사실이었다. 인터뷰 대상자들이 민주주의의 핵심 문제로 뉴스 매체나 소셜 미디어를 꼽는 일은 거의 없다. 뉴스 매체와 소셜 미디어 얘기는 대화가 끝날 무렵에나 등장하고, 정보를 가진 시민과 정보를 가진 정치인들로 구성되는 교육받은 대중의 문제와 언제나 연결되어 있다. "민주주의의 문제가 무엇인가요?"라는 질문을 던지면 사람들은 포퓰리즘과 부패에 대해 길게 대답한다. 나는 기술을 연구하는 사람이다. 나는 기술이 정치 과정이나 사회에 어떤 영향을 주는지를 파헤치는 데 내 연구 경력의 전부를 바쳤다. 나는 미디어에 대해서는 언제든 말할 준비가 되어 있지만, 미디어를 제외한 다른 것들에 대해 말하고 싶어 하는 사람들과 대화를 나누어야 하는 낯선 상황을 처음으로 맞이하게 된 셈이다.

사람들은 우선 교육의 필요성을 언급한다. 다양하고 정확한 정보에 평등하게 접근할 수 있어야 한다는 생각을 자연스럽게 떠올리는 것이다. 모든 인터뷰 대상자들에게 정보는 시민적 책무를 다하기 위한 핵심적 요소이다. 잘못된 정보가 폭탄처럼 쏟아지는 상황은 혼란, 환멸, 분노를 일으킬 수밖에 없다. 그럼에도 미디어만은 좀처럼 비난받지 않는다. 사람들은 먼저 정치인과 특수 이익단체들에 손가락질을 한다. 시설 관리 일을 한다는 중년의 미국인 스탠리는 "민주주의는 믿을 수 있어야 해요. 정확한 정보가 필요하죠. 우리는 목소리도 못 내고, 내 몫도 없고, 믿지 못할 얘기만 듣고 있어요."라며 말을 꺼내기 시작한다. 정보는 "순수해야 되고요, 걸러지는 일없이 온전해야 돼요. 상업주의나 기타 잡것들이 끼어들어서도 안 되고요."라고 말을 이어갔다. "상업주의가 의

사소통을 가로막고 있어요."라는 마지막 말에 이르렀을 때는 그 자신 특유의 침착한 목소리에 분노의 기운이 뒤섞인다. 사실 미국에서는 상업주의가 판을 치고 있어서, 견제하고 균형을 잡는 데, 의사소통을 증진시키는 데, 투명하게 생성된 정보를 제공하는 데 자주 걸림돌이 되고 있다.

상업주의가 거짓 정보를 낳는다는 얘기는 미국에서 진행된 인터뷰에 친숙하게 등장하는 주제이다. 스탠리는 "저기 바깥엔 정보가 너무 많아요, 그만큼 거짓 정보도 많겠죠. 도무지 믿을 수가 없어요, 제가 접하는 거 전부요."라고 말한 뒤, "저는 갇혀버렸어요, 저기 바깥엔 옳은 정보가 10%고, 나머진 다 쓰레기죠."라고 털어놓는다. 캐나다의 에스텔라는 미디어가 민주주의를 발전시키려면 접근 가능성과 시민 참여가 핵심이 된다고 강조한다. "현재의 보도는 뒷북치기 반응에 불과해요. 보도란 상황을 주도해야죠." 라고 에스텔라는 주장한다.

정확한 정보가 없으면 사람들은 기댈 데 없는 처지가 되어 마지못해 그것을 받아들이거나 의지할 수밖에 없는 것에 부아를 끓인다. 캐나다의 낸시는 "사람들이 공직에 어떻게 선출되는지 늘 이해가 안 돼요. …… 우리 표는 도대체 뭘 한 건지."라고 중얼거린 후 "세상 돌아가는 걸 이해하려면 돈을 따라가야죠. …… 그게 미디어가 하는 짓거리죠."라고 말한다. 미국인 간호사 엘리자베스는 인터뷰 중에 몸을 풀 듯, "제가요 나이 들어가니까 고지식하게 되네요, 그러기 정말 싫은데."라고 고백하듯 털어놓는다. "공정하지 못한 걸 보면 제가 막 지적하려 들어요."라고 말을 잇다가, 약간 동요된 채 공직 자리엔 교육받은 사람이 오면 좋겠다고 설명한다. 모든 사람이 정치에 적합한 것은 아니다라고 엘리자베스는 말한다. 정치인이든 유권자든 누구나 시민성 검사를 받게 한 뒤, "모두를 익명으로 돌려놓고, 마음에 드는 생각을 제시한 사람에게 표를 주자"는 것이다.

정치인에 대한 교육 문제는 전 세계에 걸친 모든 목소리가 한데 연결되기 시작하는 지점이다. 나에게 놀라운 것은 사람들이 미디어나 자신의 교육 부족을 불평하는 경우보다 제대로 교육받지 못한 정치인들 중에 누군가를 선택해야 하는 상황을 불평하는 경우가 훨씬 더 많다는 점이다. 미국의 모니카가 말하는 것처럼, 정치인 교육은 사실과 가짜 뉴스를 구별할 줄 아는 수준보다 훨씬 높아야 한다. 그것은 반대 의견을 읽고 들을 수 있는 능력을 갖추는 수준이어야 하며, 이것이 궁극적으로 민주주의를 더 계몽된 상태로 이끌 것이다.

항저우에서 일한다는 기술자 첸은 정치인과 시민 모두가 교육받는 것이 중요하다고 말한다. 러시아의 빅토르는 평생 교육에 대해, 그리고 선거 참여 과정에서 저지르는 실수로부터 교훈을 얻는 것의 중요성에 대해 말한다. 시카고의 매미 또한 이러한 생각을 메아리 울리듯 되풀이하면서, 사람들은 스스로를 성숙하게 이끌어야 하고, 시민적 성인으로서 행동할 수 있도록 스스로를 가르쳐야 한다고 말한다. 사람들 얘기를 더 들어보면 지금 이 주제가 더욱 명료해질 것이다. 정리하자면, 교육이 부족한 것은 국민들이 아니라 지도자들이다. 국민들은 투표할 만큼 교육받았지만, 지도자들은 통치할 만큼 교육받은 것이 아니다.

"선거가 인기 경쟁이어서는 안 되죠."라고 알바니아 출신 피오나가 외치고서는, 두 명의 악한 중 덜한 쪽을 골라야만 했던 경우가 많았다고 얘기한다. 피오나는 지도자가 되려면 통치 능력에 대해, 지식에 대해, 공감 능력에 대해 테스트를 받아야 한다는 제안도 내놓는다. 그리스의 라우라는 지도자들이 지금 대중으로부터 너무 멀리 떨어져 있으므로 분별력 있고 민감해져야 한다고 말한다. "대중과 선출 공직자 사이가 너무 멀어요."라는 라우라의 말에 곁에 있던 피오나는 "마치 고장 난 전화기 게임 같아요."라고 덧붙인다. 크리스티는 모든 사람들이 다 공직에 적합한 것은 아니라고 외치며, 우즈베키스탄을 떠나온 카리나는 통치하는 사람들은 경험, 교육, 지식을 갖춰야만 한다고 강조한다. 그리스의 올가는 해결책이 아주 간단하다고 말한다. 기준을 올리고 투표에도 엄격한 요건을 도입하자는 것이다.

인터뷰가 이어지면서 우리가 선택하게 되는 정치인들 대부분의 이력에 교육이 충분치 않다는 점이 명확해진다. 교육을 통해 시민들이 기대하는 것은 공공 문제에 대한 더 많은 지식과 그것을 넘어 민주주의와 정부 조직에 대한 더 큰 존중심이라는 점도 역시 분명해진다. 교육에 대한 이러한 요구의 밑바탕에는 민주주의에서 일어날 수밖에 없는 의견 대립과 어려운 대화 국면에서 지식을 활용하여 바른 길을 찾아나서는 정치인을 존경하고 환영하는 마음이 깔려 있다. 영국의 은퇴한 의사 마사는 존중이 결여되고 자기와 생각이 다른 사람들에 대한 증오가 점점 커지고 있다고 지적하면서, 우리가 나아가는 길 어디쯤에선가 살짝 탈선할 수 있지만 이러한 유해한 분위기가 영원히 지속될 수는 없다고 말한다.

시민들이 자신을 건강한 민주주의의 일부로 느끼지 못하게 하는 핵심적 요인은 포퓰리즘, 부패, 수준 낮은 시민적 문해력이다. 이것들은 이 시대의 문제이긴 해도 새로운 것은 아니다. 오래 지속되어 온 문제들이다. 사람들은 포퓰리즘과 부패의 다양한 사례를 끄집어내어 교육과 시민 중재의 여러 방법을 제시한다. 내가 여행하는 곳에 따라 어조, 언어, 표현은 달라도 핵심 주제는 동일하다. 노래는 그대로 남는 법이다. 사람들의 말을 들으면서 나는 그들이 평생에 걸쳐 그 문제로 얼마나 자주 대화를 나눴을까를 생각한다. 또한 수세기 동안 부패에 대해 불평한 사람들이 얼마나 많았을까를 생각한다. 포퓰리스트들의 사탕발림 말이 우리의 정신과 마음을 뒤흔들어 놓은 때가 얼마나 많은지 헤아리다가 대화의 흐름을 놓치기도 한다. 민주주의라는 짐을 지기에 충분한 교육이 이루어졌던 때가 한 번도 없었다는 점을 깨닫고 미래에도 과연 충분한 문해력이 확보될 수 있을까 의문을 품는다. 여러 해 동안 재생산되어 온 악순환에서 빠져나갈 길이 있을지 알 수 없다. 우리는 어떻게 민주주의의 다음 단계에 도달할 수 있을까?

5장. 민주주의 이전

가까운 과거에 일어난 일들이 하나의 조짐이라면, 이 책은 포퓰리즘적 긴장과 경향 때문에 민주주의에 대한 우리의 생각을 재조정해야 하는 시점에 출판될 것이다. 또한 이 책은 인간, 정부, 인공지능이 전달하는 거짓 정보나 왜곡된 정보가 난무하는 선거 상황 속에서 읽힐 것이다. 그 순간은 극단화, 모호함, 혼란으로 특징지어질 것이다. 이 책의 제목 『민주주의 그 이후』는 이들 상황이 결국 민주주의의 실패로 이어질 수 있음을 의미할 수도 있다. 하지만 이것은 내가 의도한 것도 아니고 이 책의 출발점도 아니다. 나는 우리가 민주주의와 늘 씨름해왔다는 점을 분명히 하고자 했다. 나는 민주주의가 잘 돌아가는 모습을 보는 순간에, 또한 숙의 과정이 잘 진전되는 상황에 감명을 받았다. 내가 이 책을 쓴 것은 민주주의가 붕괴될 것이라 생각해서 그 종말을 막고자 했기 때문이 아니다. 오히려 나는 수세기 동안 민주주의와 함께 해온 우리가 이제는 민주주의를 선진적인 통치 양식으로 어떻게 바꾸어야 하는가를 고민해

볼 수 있다는 생각에서 이 책을 구상하기에 이른 것이다. 내가 궁금하게 여겼던 것은 민주주의가 처한 최악의 순간이 아니라, 그 정점의 순간 이후에 무엇이 뒤따라 올 것인가 하는 점이었다.

그리하여 나는 여행을 떠났고, 첫 번째로 찾은 나라는 포퓰리즘적 공약으로 국민의 믿음을 악용하는 후보자들 때문에 민주주의가 한계에 다다른 멕시코와 브라질이었다. 국민투표와 선거를 각각 앞둔 영국과 미국에서는 민주주의적 관행의 리듬 아래 감춰져 있던 가벼운 긴장이 불거지기도 했다. 영국과 미국의 정치적 색채는 완고함, 권위주의, 거짓된 혹은 왜곡된 정보가 혼합된 것이었다. 이런 색채는 서구에서 흔히 전제국가라 여기는 러시아나 중국에서 듣게 된 정치적 고난과 묘하게 겹쳐 보였다. 나의 조국 그리스는 경제 불안이 가져온 위기에서 빠져나오는 중이었지만 한편으론 민주주의에 광범한 타격을 입고 있었다. 국민들이 과격파들을 뽑아 국회로 보내자 그들은 공산당과 충격적인 연합을 결성해버린 것이다. 그리스를 이런 이상한 상황으로, 2009년의 과거로 몰아간 것은 포퓰리즘적 수사와 경제 불안이었다.

참으로 이상하고도 우연한 발견인가 싶다. 나는 포퓰리즘과 불안이라는 그 똑같은 조합이 세계 도처에서, 특히 이 책을 위해 내가 방문했던 나라들에서 해악을 끼치고 있음을 목격한 것이다. 캐나다도 그렇다. 캐나다는 최근 들어 민주주의의 안식처로 여겨지지만, 정작 자국 시민들은 그렇게 생각하지 않는다. 마지막으로 난민들이 있다. 난민들은 어디서든 나올 수 있지만, 대부분 문명이나 철학 혹은 민주주의 성장의 토대를 닦았던 나라들로부터 나온다.

2010년 이후 중동과 북아프리카 지역을 뒤흔들었던 혁명적 봉기의 물결이 낳은 비극적 결과로서 난민이 발생한 것은 아이러니라 할 수밖에 없다. 서구는 재빨리 자신의 민주주의적 열망을 이들 봉기에 투영했다. 하지만 이러한 기대는 곧바로 지정학적 갈등으로 대체되었으며, 그 갈등은 민주주의적 이상과 관련된 것이 아니라 천연 자원이나 국가 간의 전략적 동반자 관계와 관련해서 빚어진 것이었다.

이런 일련의 상황 전개는 나에게 익숙한 것이었다. 내 연구의 많은 부분에서 나는 기술이 민주주의, 사회 운동, 비민주적 정권을 어떻게 지원하고 방해하며 혹은 변형시키는지를 추적해왔던 것이다. 기술이 다양한 분야에서 그 나름의 역할을 한 것은 분명하다. 기대에 찬 서구 대중에게 혁명이 판매될 때에도, 뉴스 매체가 갈등에 프레임을 씌울 때에도, 거짓되고 왜곡된 정보가 돌고 돌면서 야기되는 금융 위기에 대해 누가 비난받아야 하는지를 밝힐 때에도, 그리고 정말 충격적이게도, 소외계층의 목소리를 증폭시킬 때뿐만 아니라 포퓰리즘의 메시지를 과장할 때에도 기술이 활용되었던 것이다.

나는 민주주의 이후에 무엇이 뒤따라 올 것인지 예측하고자 했다. 처음에 이 연구는 다른 사람들이 민주주의를 어떻게 생각하는지에 대한 진지한 호기심에서 출발했다. 내심 기대한 것은 냉소주의였다. 민주주의와 기술에 대한 연구에서 대중들의 냉소주의가 점점 심화된다는 점이 드러났기 때문이다. 민주주의 문제를 해결하려면 이 냉소주의를 몰아내고 신뢰 메커니즘을 회복해야 한다는 게 명확해졌다. 그리하여 이 책 앞부분에서 나는 회의론이 자연스럽고 건강한 전개이며 교육과 경험을 갖추고 민주주의를 고심하는 이들로부터 기대할 수 있는 것이라고 썼다. 회의론은 나쁘지 않다. 오히려 지식과 혜안을 드러내준다. 반면 냉소주의는 신랄함이 과도한 회의론이며, 쉽게 사라지지도 않는다. 회의적일 뿐 아니라 냉소적이기도 한 대중의 태도에 대응하려면 여러 차례의 긍정적 경험이 필요하다.

민주주의가 어떤 의미냐고 물었을 때 내 인터뷰 대상자들은 자주 머뭇거렸다. 현대 사회에서 시민이 된다는 것이 어떤 의미인가를 숙고할 때도 한참 시간이 걸렸다. 하지만 민주주의는 무엇이 잘못 되었는가, 그리고 민주주의를 더 좋게 만들려면 어떻게 해야 하는가를 물었을 때는 지체 없이 대답이 나왔다. 민주주의와 시민권을 정의하는 가운데 나타난 모호함은 지식 부족 때문이 아니라고 말하고 싶다. 거기엔 냉소주의나 회의론, 혹은 환멸이 드리워져 있었다. 민주적이든 비민주적이든 내가 여행하고 있는 그 국가의 가장 괴로운 핵심 문제가 무엇인지를 밝힐 때에는 응답자들에게 그런 모호함이 없었던 것 같다. 세계 도처의 응답자들은 부패, 포퓰리즘, 시민적 문해력 결핍이 민주주의의 올바른 작동을 방해한다고 보았다. 이 세 가지는 사람들이 시민의 의무를 다하는 것도 가로막는다. 우리가 오랜 세월 싸워왔던 문제가 무엇인지 이토록 명백하지만, 그것을 극복하기가 너무도 어렵다는 것이 우리를 괴롭힐 것이다.

수세기 동안 지속되어 온 문제를 어떻게 해결할 수 있을까? 이들 문제는 만성 질환처럼 다뤄야 한다. 진단, 치료, 선제적 조치, 모니터링, 시간을 둔 개입이 필요하다. 인터뷰 대상자들의 응답들을 정리하면서 나는 이 책이 진단을 제공할 수 있기를 희망해본다.

막다른 길의 민주주의

지구촌을 돌며 진행한 인터뷰로부터 다음 다섯 가지 주제가 도출되었다. 침묵과 소음, 익숙함과 모호함, 평등, 발언권, 회의론이 그것이다. 이 다섯 가지 주제에는 모두 시민들이 민주주의 문제에 접근하면서 보였던 망설임이 드리워져 있다. 첫 번째 질문을 던지면 거의 항상 뒤따라 나오던 침묵부터 시작해 응답자들이 답을 찾아낸 순간에도 결국 나타나던 회의론에 이르기까지, 대화 분위기 속에는 불확실성이 스며들고 있었다. 어느 지역에 살든 상관없이 응답자들은 이러한 감정을 공유하고 있었으며, 그들이 보여준 공동의 침묵은 이상하게도 그들의 관점들을 함께 엮어가고 있었다.

나는 이 침묵이 얼마나 충격적이었는지 이미 설명했다. 다양한 수준의 정치적 혼란을 다루면서 서로 다른 문화적 맥락을 가로질러 마주친 그 침묵은 깊은 고민으로서의 침묵이자 생각을 위한 휴지(休止)였다. 혼란한 소음 속의 침묵은 정서상의 막다른 길을 나타냈으며, 그곳에서 대화가 시작되었다. 익숙함과 모호함은 사람들이 민주주의를 애써 정의하려 할 때 드러났다. 그렇게 할 때 그들은 익숙한 정의에 의존했지만, 마지못해 시도하는 기색이 역력했다. 자신이 식상한 대답을 하고 있다는 것을 알고 있었지만 그걸 넘어서는 어휘를 찾아내지 못해 혼란을 겪었다.

불가피하게도, 민주주의를 정의하려는 모든 시도는 평등에 대한 논의로 이어졌으며, 동시에 그것에 의해 가로막혔다. 민주주의는 우리가 자유롭다는 것을 보장하지는 않는다. 다만 우리가 평등하게 자유롭다는 것은 보증한다. 다시 말해, 민주주의는 최소한 타인의 발전을 방해하지 않으면서 접근할 수 있는 평등의 길을 모든 사람에게 제공한다. 그러나 이것은 불가능한 일이다. 특히 관례, 기술, 생활양식, 경제 조건 상의 변화가 주어졌을 때는 더 그러하다.

가령 새로운 미디어를 통해 누구나 다원주의에 접근할 수 있지만, 평등한 방식이 아닐 뿐더러 사람들이 좋아하는 연결 통로나 표현이 제한되기도 한다. 트위터나 페이스북 같은 플랫폼은 우리의 목소리를 크게 해주지만 동시에 맥락의 미묘함을 없애버린다. 그것은 우리가 다양한 영역에서 맺었던 모든 상호관계들을 으깨어 하나로 버무림으로써, 직장에서는 이런 사람, 친구들과 어울릴 때는 저런 사람, 친밀한 관계에서는 또 다른 사람이 될 유연성을 빼앗는다. 평등의 의미는 늘 동일하지만 평등에 이르는 길은 저마다 독특하게 규정되는 사회적. 문화적. 공적 혹은 사적 상호작용의 영역에 따라 달라진다. 상호작용을 위한 민주적 구조물인 플랫폼들은 상호작용 영역의 경계를 존중해야 하고, 그 경계선을 마음대로 그릴 수 있는 평등한 자율권을 주어야 한다. 평등에 이르는 어떤 길들은 포장이 되어 있기는 하지만, 더 나아가 지도에 표시될 필요가 있다. 우리는 흔히 평등을 어떤 것에 대한 접근권으로 정의하므로, 현대에 맞게끔 평등을 이해하려면 지속적인 검증이 필요하다. 우리의 습관이 바뀌면, 법, 제도 규칙이 그래야만 하듯 평등에 이르는 경로도 유연화되고, 조정되며, 확장되어야 한다. 이렇게 해야 현재와 미래에 어울릴 수 있도록 평등을 정의하고 보호할 수 있다. 20년 전에 이루어진 평등에 대한 보장 사항은 더 이상 유효하지 않다. 과거에 만들어진 기반시설은 계속 점검 받고 업데이트되어야 한다.

발언권에 대한 평등한 접근권을 확보하더라도, 우리의 말을 누구도 들으려 하지 않는다면 아무 소용이 없다. 흔히 접근성만을 강조하는 일이 많은데, 상호적인 혹은 다차원적인 의사소통 방식에 더 많은 관심을 기울여야 한다. 시민들은 세상이 자신의 말을 귀담아 듣지 않는다는 것을 안다. 목소리가 충분히 크지 않기 때문이기도 하지만 미디어나 정치가들이 귀를 열려고 하지 않기 때문이다. 게다가 막상 의견을 제시할 경우에는 개인 의견을 충분히 여유있게 피력할 수 없는 포맷을 거쳐야 한다. 국민투표나 선거는 다양한 견해를 예/아니오 식의 미리 정해진 대답으로 축소시킨다. 때로는 훨씬 복잡한 대답이 필요한 질문에 대해서도 그러하다. 이런 식이라면 환멸이 회의론과 냉소주의를 촉진할 뿐만 아니라 재순환시키는 것을 피할 수 없다. 다시 말하지만 회의론은 사람들이 경험과 깊은 생각을 통해 발전시킨 건강한 반응이다. 회의론자들은 쉽게 감동하지 않는다. 때로 낙관적이고 때로 비관적이지만 둘 다 아닌 경우가 더 많다. 그들은 신중하며, 공들여 지금의 상태에 와 있다. 과거에 실망했을지 모르나 여전히 신경 쓰고 있다. 하지만 냉소주의자들은, 내가 보기에, 자포자기 상태이며, 이렇게 희망을 내버린 상태가 걱정되는 것은 그것이 변화의 여지를 줄여나가기 때문이다.

민주주의 관련 답변들을 종합적으로 정리하면서 내가 깨달은 것은 민주주의를 설명하는 데 필요한, 우리 시대에 맞는 어휘가 부족하다는 점이다. 과거의 용어를 사용하여 새로운 의미를 집어넣어 보지만 이런 방식으로는 아쉬움만 남는다. 게다가 과거 시민의 길을 빌려 쓰고 낡은 습관을 반복하다 보니 시민적인 흥미도 떨어지게 된다. 이런 사정이 나의 두 번째 질문, 즉 시민권에 대한 질문의 출발점이 되었다. 앞에서 나는 응답자들이 민주주의가 무엇인지를 규정하려 할 때 불확실성의 감정이 대화에 스며들었다고 언급한 바 있다. 시민이 된다는 것은 무슨 뜻인가요라고 내가 물었을 때 응답자들의 답변은 늘 그렇듯이 최고조의 무력감이 나타나는 쪽으로 흘렀다,

아무튼 출발점은 열정과 희망이 있었다. 사람들은 포기하는 일 없이 시민의 의무를 수행했다. 오늘날 시민의 마음속에는 고결함이 있지만, 애석하게도 그것이 제대로 발휘되지 못하고 있다. 사람들은 봉사하려 하고 도우려 하며 세상을 더 낫게 만들고 싶어 한다. 처음부터 나쁜 짓 하려는 사람은 아무도 없지만, 달리 선택의 여지가 없을 때가 많다. 바로 이럴 때 무력감이 배어나오면서, 시민들은 정말 기여하고 싶지만 그럴 방법이 없다고 토로한다. 그리하여 나는 '보이지 않는 시민', 다시 말해 투표하러 불려나갔다가 곧이어 버려지는 시민, 말하고 싶어 하지만 누구에게도 들리지 않는 시민, 지역 공동체에 기여하려 하지만 그런 노력이 평가절하되거나 공무로서 대접받지 못하는 시민을 생각하기 시작했다. 사람들은 본성상 장난을 좋아하고 영감에 차 있으며 싸움을 잘 한다. 우리에겐 생존 본능이 있고 그것은 존재의 모든 지평을 가로지른다. 하지만 우리는 점점 더 직업적·개인적 의무에 사로잡히고, 넘쳐나는 정보에 흠뻑 빠지며, 정치에 관여할 시간적 여유도 없다. 더군다나 우리에게 주어

지는 기회라고 해봐야 지루한 사람들과 어울리는 것뿐이다. 그들은 괜찮은 용어도 가지고 있지 않다. 그들은 과거 세계에 속해 있으므로 더 이상 흥겨움도 없다. 그들은 우리에게 에너지를 주는 것을 멈춰버렸다. 왜냐하면 우리는 이미 수세기 동안이나 그들을 경험했으며, 이제는 자연스럽게 지금 시대에 맞는 최신의 것 혹은 새로운 시민적 관행을 원하기 때문이다. 정치는 지루해서는 안 된다. 지금껏 우리가 배워 온 정치 형태는 판에 박힌 듯한 일상을 재현하는 수준이라 더 이상 얻을 것도 없다.

실제로 인터뷰 대상자들은 그들이 속한 공동체 안에서의 미시적 활동(micro-activities)에서 영감을 얻었다. 그런 곳이야말로 자기 식대로 정치적일 수 있는 자율성이 주어지기 때문이다. 그들은 생생하고 상상력 넘치는 방식으로 상호작용했고 자기 행동의 직접적·즉각적 효과를 느꼈다. 활기 넘치는 시민을 원한다면 상호작용의 기회를 제공해야 한다. 민주주의는 무엇이 문제인지, 어떻게 해야 더 나아질 수 있는지라는 질문과 관련된 핵심 주제들을 눈여겨보며, 내가 소중히 간직하고 싶은 것이 바로 이것이다.

인터뷰 대화를 감싸는 결정적인 분위기가 분노인 경우도 있었다. 포퓰리즘, 부패, 교육 부족이 민주주의의 핵심 주제이자 문제로 떠올랐다. 사람들은 민주주의에서 무엇이 잘못인가를 거침없이 밝혔지만, 고치는 방법은 알지 못했다. 또한 그들은 동일한 문제가 역사적 맥락을 달리 하며 반복적으로 나타나는 것에 지쳐 있었다. 나이 든 사람들은 인내심을 갖고 나와 대화를 나누었으며, 나는 그들의 눈동자 속에서 지혜, 경험, 희망을 본다. 그들은 예전에 이

시나리오를 끝까지 다 봤으며, 거기에 대처하는 방법도 가지고 있다. 중년층은 짜증을 내고 당황한다. 그러면서도 구체적인 해결방안을 제시하려고 가장 애를 쓴다. 청년층은 분개하고 참지 못하며 열정적이다. 가장 독창적이고 이상적인 대답을 제시하는 쪽도 그들이다. 이것이 나를 희망으로 가득 채운다. 만약 우리의 가장 경험 많은 시민들이 지혜로움으로 우리에게 인내를 가르쳐 준다면, 우리는 우리의 이익을 위해 시간을 사용하면 된다. 만약 모든 것을 다 보지는 못했지만 어느 만큼은 보아온 시민들이 구체적인 아이디어를 내준다면, 우리는 우리의 이익을 위해 두뇌의 힘을 이용하면 된다. 마지막으로 만약 우리의 젊은 시민들이 열정적이고 독창적이라면, 우리는 이 모든 것을 다시 생각할 수 있는 상상력을 가진 셈이 된다. 달리 말해, 우리는 삶의 전 과정에 걸쳐 혹은 삶의 각 단계마다 변화할 수 있는 힘을 우리 속에 가지고 있는 것이다.

인터뷰에서 기술을 언급한 사람이 거의 없다는 점은 충격적이다. 문제의 일부로 간혹 언급되기는 하지만 여전히 핵심 주제는 부패, 포퓰리즘, 교육이다. 부패는 민주주의 이상에 반하는, 혹은 그것을 위하지 않는 자본주의로 규정된다. 포퓰리즘은 지키지 못할 과장된 약속의 감정적 질주로 정의되며, 미디어에 의해 자주 증폭된다. 교육은 정치인들에게 결여된 무엇이라 확인된다. 시민들은 더 높은 수준의 문해력을 갖추면 일상적으로 접하는 정보를 식견 있게 검증할 수 있다는 점을 알고 있으면서도 우선은 업무를 수행하기에 시민적 자질이 부족한 정치인들 혹은 책무를 다하는 데 필요한 교육을 받지 못한 정치인들을 공공연히 비난한다. 시민들은 그저 누구라도 뽑아야 하기 때문에 그런 정치인들에게 표를 던져 공직으로 보낼 것이다. 그런데 다양한 이데올로기적 지향성을 가진 수많은 시민들과 대화를 나누어 봐도, 자신이 뽑은 공직자를 환호하거나 찬양하는 시민은 한번도 만나지 못했다.

열 가지 제안

그리하여 민주주의란 무엇인가? 침묵과 소음. 익숙함과 모호함, 평등. 발언권. 회의론. 시민이 된다는 것은 무엇인가? 시민적 고결함의 다양성은 애석하게도 우리의 시민 레이더에는 제대로 잡히지 않고 있다. 더 나은 민주주의를 만들어주는 것은 무엇인가? 해결에 늘 실패해온 문제들, 즉 부패, 포퓰리즘, 교육. 지금까지 기술은 무엇을 해왔는가? 지금의 경향들을 부풀려 왔을 뿐, 꼭 필요한 민주주의 재조정의 기회를 계속 허용해 주지 않는다. 여기에 시민들의 이야기에서 나온 몇몇 제안들이 있다.

1. 트렌드 뒤집기 : 부드러운 자본주의와 강력한 민주주의

시민들은 돈이 정치를 좌우한다는 점을 이해한다. 돈은 민주주의를 가로막는다. 인터뷰 할 때마다 빠짐없이 논의한 것은 자본과 지배 구조의 관계 및 그것이 민주주의 과정에 미치는 유해한 영향에 관해서였다. 인터뷰 대상자가 좌파든 우파든, 진보든 보수든, 젊든 늙든, 러시아 출신이든 캐나다 출신이든 가릴 것 없이 기본적 생각은 동일했다. 선택된 소수를 위한 금융상의 특수 이익이 정치에 상당한 영향을 미친다는 것이다. 자본주의는 강력하고 어디에나 있다. 세계화된 자본주의는 심지어 비자본주의 국가의 우선순위 결정에도 영향을 준다. 자본주의를 벗어날 방법은 없다. 민주주의의 핵심 문제로 지목된 부패의 한복판에 자본주의가 놓여 있다. 사람들이 우려하는 것은 자본 증식이 우선시되면 민주주의의 주도권이 손상된다는 점이다.

자본주의가 더 나은 경제 체제로 대체될 것처럼 말하지는 않겠다. 자본주의는 이익 창출에 탁월하고 공평한 분배에는 실패한다. 자본주의의 동력이 경쟁이다 보니 평등 원칙에 따라서가 아니라 경쟁에 따라 보상이 배분되는 것은 당연하다. 자본주의는 금융 관리 체계이지 정치적 통치 체제가 아니다. 거꾸로, 민주주의는 통치 체제이지 금융 관리 체계가 아니다. 우리는 현재 자본주의가 강력해져 통치 과정에 영향을 미치는 상태에 와 있다. 이런 추세를 뒤집어서 금융 체계와 통치 체제의 균형을 이룰 필요가 있다. 지금 우리에게 필요한 것은 한층 더 부드러운 자본주의 모델을 촉진해서 더 강력한 민주주의 무대를 설치하는 것이다.

모든 국가에 두루 통용되는 부드러운 자본주의 제작법은 없다. 각각의 맥락은 저마다의 해결책을 요구한다. 지난 30년 동안 이전보다 자주 겪은 주기적인 금융 상승 및 하강 국면은 오늘날 작동되는 자본주의의 일부로서 금융상의 불확실성이 일정 수준 존재한다는 점을 보여준다. 이 불확실성이 평균적 시민의 금융 불안정으로 전환되면 사람들이 행동하고, 살아가며, 투표하는 데까지 그 효과가 미치게 된다.[1] 역사는 금융 불안정의 시기에 포퓰리즘이 최고조에 달한다는 점을 가르쳐주었다. 몇몇 경제학자와 사회학자들은 시장이 경쟁적으로 돌아가면서도 보다 많은 대중이 금융 안정을 확보할 수 있는 수정

방안을 제시해왔다.[2] 자본주의를 부드럽게 하는 것은 불가능하지 않으며, 그것이 자본주의를 비효율적으로 만드는 것도 아니다. 부드러운 자본주의는 경제학자들이나 억만장자들이 다양한 해결책이나 대안을 제시하며 연구하거나 옹호해온 메시지인 것이다.

우리가 21세기의 사회를 운영하는 데 바탕이 되는 경제 모델은 르네상스 초기에 등장한 것이다(시기를 더 앞당기는 경우도 있다). 이제는 이 모델에 수정을 가하여 자본주의 형태가 정치 형태를 규정짓지 못하도록 해야 한다. 골드만삭스 경영진으로 일했다는 영국인 아리스토텔레스(민주주의에 대한 연구라고 했더니 그가 이런 가명을 선택했다)가 했던 말이 떠오른다. "독과점이 시장을 지배하지 못하도록 규제하는 장치가 충분히 많습니다. 그런데 어째서 민주주의에서는 독점을 허용하는 것일까요?" 그는 대부분 국가의 정치 환경을 이루는 양당 체제를 언급한 것이었다. 이런 양당 체제는 정당의 자본주의적 자금조달 방식이 낳은 부작용의 결과이다. 이것은 미국처럼 후보자 자신이 선거 자금을 조성해야 하는 국가에서 더 자주 나타난다. 캐나다의 네이선도 "당이 두 개뿐인 체제는 사실 민주주의가 아니지요."라고 말한다. 정치 후보들의 정책들에 별 차이가 없게 되면서 시민적 독점 현상이 나타나며, 이에 따라 시민들은 다른 대안들을 더 원하게 된다. 오늘날 민주주의에서 강고한 자본주의의 핵심 요소들은 이미 시민의 선택권에 영향력을 행사하고 있다. 이런 흐름을 뒤집어야 우리는 보다 부드러운 자본주의와 보다 다원적인 민주주의로 가는 길을 닦을 수 있다.

2. 미시적 통치

세계 곳곳에서 인터뷰를 진행할수록 나는 사람들이 자신의 공동체에서 실천하는 작은 시민적 참여로 얼마나 큰 만족감을 얻는지 알게 되었다. 선거관리 자원봉사자부터 조직적 자원봉사 경험이 전혀 없는 사람에 이르기까지 모두들 이웃, 공동체, 마을, 도시, 지역에서 이루어지는 주도적 활동에 대해 말할 때 가장 큰 시민적 열정을 드러냈다. 화제가 중앙 통치 쪽으로 옮아가면 사람들은 거리를 두며 발을 떼려 했다. 대화 분위기가 냉소적으로 흐르면서, 정권 중심부에서 나오는 정책 결과에 대해 불신을 토로했다. 미시적 통치와 거시적 통치 사이의 단절은 두 가지로 드러난다. 첫째, 사람들은 미시적 수준에서 일어나는 활동 대부분을 효과적이고 만족스럽게 경험하는 경향이 있다. 반면 거시적 수준에서 일어나는 활동 대부분은 효과적이지 않다고 여기며, 의미 있다고 인정할 만한 정부 정책을 구체적으로 지적하는 데 난감해 한다. 그리스에서 만난 VC는 쓸쓸한 미소를 지으며 말했다. "우리가 찬사를 보내는 예술과 과학의 성과들, 관광을 다니며 찾아보는 기념물들, …… 이런 것들은 대부분 민주주의가 만든 것이 아니죠."

이 발언을 계몽 군주의 복귀 요청으로 해석해서는 안 될 것이다. 하지만 이 발언은 민주주의 리더십이 계몽되었다고 인식하지 않음을 분명히 보여준다. 나아가 이 발언은 메소 메커니즘(meso-mechanisms, 중간 수준의 메커니즘)이, 그것이 정부든 연관 매체든 상관없이, 미시적 공동체와 대도시 중심부에 놓인 거시적 통치 체제를 적절하게 연결하지 못하고 있음을 시사하기도 한다. 이것은 도시와 시골의 격차로 설명될 수 있는 단순한 문제가 아니다. 어느 정도 그런 요소가 분명히 있다 하더라도 그렇다. 도시 거주자들은 자신의 도시 안에서 미시적 공동체를 찾으려 했으며, 그곳에서 발견한 직접 민주주의적 요소를 좋아했지만, 어딘가 다른 곳에서 작동되는 대의제 민주주의적 요소에는 무관심했다. 앞서 말했듯 만약 민주주의가 직접적, 즉각적, 호혜적 의사소통을 지원할 수 있는 미시적 공동체에서 가장 잘 작동하는 체제라면, 우리가 그러한 미시적 공동체를 강화하고, 그것을 더 큰 통치 체제에 연결하는 방향으로 힘을 기울이는 것이 가장 좋다.[3] 미국의 연방 통치 체계가 바로 그런 것 아니냐고 묻는 이가 있을지도 모르겠다. 과거에는 정말로 그러했다. 애초에 그것이 설계된 시점에서는 연방으로 연결된 주들이 인구, 경제, 군구(郡區), 조직, 인프라 등 모든 면에서 지금보다 작았다. 미시적인 수준이었던 것이다. 지금은 더 이상 그렇지 않다. 마찬가지로 유럽 연합 체제도 국가들을 연결하여 그로부터 지리적 경계를 넘어 진화할 수 있도록 설계되었다. 기본 원칙이 있기는 해도 세상은 변하기 마련이므로 우리는 그 원칙을 어떻게 시행해야 할지 조정해야 한다. 세계는 커져 버렸는데 우리는 지금 다른 유형의 사회를 위해 만들어진 통치 체제를 운영하고 있다. 캐나다의 네이선이 말한 것처럼, 우리는 "이상적인 형태의 혹은 꼭 그래야만 하는 형태의 체제를 아직 시도조차" 못한 것인지도 모른다.

3. 투표하지 않는 이들을 고려하기

세계를 여행하는 동안 내가 충격을 받은 것은 다음과 같은 모순 때문이었다. 거의 모든 인터뷰 대상자들은 투표의 필요성을 강조했고, 투표하지 않는다면 불평할 권리도 없다고 자주 덧붙이기도 했다. 그러나 동시에 모든 응답자들은 표를 줘야 할 후보들이 도무지 마음에 들지 않아서 투표 임무를 수행하는 데 어려움을 겪었다는 것이다. 마음에 들기는커녕 최악이 아닌 후보를 골라야만 했던 경험도 많은 사람들이 들려주었다. 사회구성원으로서 우리는 투표를 독려하고, 투표율이 낮으면 불평한다. 투표를 하지 않는 것은 사회적으로 바람직하지 않으며, 투표하지 않겠다고 공공연하게 말하는 사람은 비난을 받거나 참여를 더 잘 하라고 충고를 듣는 일이 많다. 이런 행동에는 역설이 내재해 있다. 자격 없는 후보자를 지지한 것이라 하더라도 우리는 투표한 것 자체를 포상한다. 후보 선택이 마땅치 않아 투표를 못 했다 하더라도 우리는 투표하지 않은 것 자체를 백안시한다. 흔히 불참은 무관심으로 간주된다. 투표에 불참하는 행위는 냉담함으로 읽힌다. 그런데 이런 읽기가 정확하지 않다는 게 나를 놀라게 한다. 캐나다의 낸시는 투표의 의미를 "투표하는 것. 그러나 또한 투표하라고 압박당하지 않는 것"이라 정의한다. 역시 캐나다 출신 안나는 시민이 된다는 것은 "투표와 쓰레기 재활용" 이상이어야 한다고 설명한다.

불참이 늘 무관심인 것은 아니다. 불참은 주어진 대안에 관심이 없을 때 발생한다. 사람들은 게으르기 때문에 투표를 거부하는 게 아니다. 투표 행위가 변화를 만들어준다는 믿음이 없기 때문에 거부하는 것이다. 그럼에도 비투표자들은 시민적 참여 부문에서 감점을 받는다. 우리는 비투표자들이 무관심 행위를 저질렀다고 간주하고 그들에게 피해를 주려 한다. 한편 우리는 후보자들이 얼마나 자질을 잘 갖추었는지를 고려하지 않은 채 그저 후보자군에서 누군가를 선택한 그런 사람들의 투표조차 너무 비중 있게 다룬다. 그리하여 어떤 공약에도 마음이 끌리지 않음을 용기 있게 인정하여 투표를 하지 않은 사람들에게 벌을 내린다. 그러나 그나마 덜한 최악이라도 선택한 사람들, 그리고 그런 선택을 통해 의도치 않게 볼품없는 후보자들을 재생산하는 데 일정한 역할을 한 사람들에게 보상을 준다.

투표장에 나타나지 말자고 제안하는 것은 아니다. 하지만 만약 그렇게 되면 어떨지 상상해보자. 더 잘 할 필요가 있는 정치인들에게 강력한 경각심을 불러일으키게 되지 않을까? 현재의 투표 시스템은 후보자를 거부하는 의미로 투표에 불참한 것을 고려하지 않음으로써 후보를 지지한 쪽에 과도한 보상을 주게끔 편향되어 있다. 투표 불참은 무관심의 신호일 수도 있지만 제시된 모든 대안에 대한 거부일 수도 있다. 시민들에게 선택을 거부하고 새로운 대안을 요구할 기회를 부여하지 않는 한, 투표자의 마음을 정확하게 읽어내는 투표 시스템을 가질 수 없다. 우리는 등록된 목소리는 중시하고, 불참한 목소리는 무시한다.

침묵이 언제나 의견 없음을 나타내는 것은 아니다. 침묵은 숙고, 연구, 경청할 필요성을 나타낼 수 있다. 이러한 행위들은 민주주의의 뿌리이므로 혜택을 줄 방법을 찾아야만 한다.[4] 우리는 침묵하는 이들에게 귀 기울이지 않는다. 우리는 그런 침묵의 의미를 더 잘 이해할 필요가 있다. 나아가 우리는 침묵을 민주주의 과정의 한 부분으로 간주하는 방법을 찾아야 한다.

4. 장기 정책과 단기 정책

"민주주의는 시간 제약이 있어요. 그 탓에 지금 이 시간에만 집중하게 되고, 덩달아 큰 문제들을 다루기가 무척 어려워져요. …… 우리에겐 현재뿐 아니라 미래도 책임질 민주주의가 필요해요." 캐나다의 안나가 한 말이다. 기후 변화, 의료, 빈곤, 교육, 평화 등 전 지구적 관심사에 대해 생각하면서 나는 이 말을 곱씹어본다. 일상생활 속에서 우리는 장기 계획과 단기 계획을 세운다. 가족들은 자녀 교육, 은퇴, 그 외의 필요를 위해 장기 저축 계획을 세우고, 동시에 월 단위 혹은 연 단위 지출 계획도 마련한다. 어디서 거주할지, 어디로 가서 어떻게 일할지, 어디서 자녀들을 입학시킬지, 휴가는 어떻게 할지, 생활비는 얼마나 쓸지 등 여러 가지 사항들에 대한 합의를 바탕으로 결정을 내린다. 이와 유사하게 조직체도 과거, 현재, 미래의 추세와 기대에 대한 경영진의 합의를 바탕으로 단기 및 장기 성장 계획을 세운다. 우리는 단기 및 장기 계획 외에 중기 계획을 세울 때도 많다. 그런데 우리 삶의 영역에서 이러한 장단기 계획이 유일하게 먹혀들지 않는 곳이 바로 정치 영역이다. 이것은 런던에 살며 컨설팅 회사에 근무하는 에인이 나에게 환기해준 내용이다.

정부들은 4~5년에 걸쳐 실행할 수 있는 일련의 약속들을 바탕으로 집권한다. 어떤 약속들은 구조적 변화를 요구하는 것이어서 효과를 보려면 훨씬 더 많은 시간이 걸리겠지만, 우리들이나 언론매체들도 이를 문제 삼지 않는 것 같다. 정부가 선거에 패배해 물러나면 이런 목표를 위해 추진되던 일들은 멈춰버린다. 새로운 정부가 들어서면 기후 변화 등 명백한 과학적 자료로 뒷받침되는 지구적 우선순위 문제 관련 약속에서 손을 뺄 수 있는 자유가 생긴다.

이러한 우선순위 문제는 특정 이해관계에 부합되는 것이 아니어서 앞서 언급한 부드러운 자본주의가 도울 수 있는 영역이다. 약속을 이행하기에는 시간이나 재량권이 모두 부족한 정부들에 의해 민주주의가 순환하면서 사회는 온통 미완의 프로젝트 투성이가 되어버린다. 전 지구적 합의를 이끌어낸 장기 계획은 각 지역에서 집행되어야 모두에게 중요성을 띤 문제가 진전될 수 있다. 미시적 통치가 다양하게 반복되면서 세워진 단기 계획은 지역 문제를 시민들에게 만족스런 방식으로 처리하는 데 도움이 될 것이다.

5. 투표를 넘어서기

소매업을 하다가 은퇴했다는 84세의 독일인 아네트는 정치 참여 수준이 특히 지역 차원에서 계속 높아졌다고 본다. 아네트는 사람들이 시위와 국민투표에 참여하는 모습(거기에 반응하는 모습도 포함된다)이 희망적이라 평가한다. 한편 런던에 사는 기술 컨설턴트 토머스는 국민투표가 꼭 필요하다면 단순한 양자택일을 넘어서야 한다고 주장한다. 이 두 가지 사례는 민주주의의 어떤 면에 환호하고 또 어떤 면에 실망하는지에 대해 이야기를 나누면서 내가 기록한 반응들 중 일부이다. 이런 반응은 시민이 된다는 것이 무슨 뜻인지를 다룰 때에도 나타나며, 민주주의는 무엇이 잘못되었는지를 논의할 때에는 해결책으로 제시되기도 한다. 사람들을 전혀 고무시키지 못하는 것 하나를 꼽으라면 그건 바로 투표다. 모든 응답자들은 투표권 자체는 환영하고, 투표를 시민의 의무 중 하나라고 생각한다. 동시에 그들은 투표권을 시민적 여정에 나설 때 의무적으로 밟아야 하는 출발점으로, 혹은 정치학자 스티븐 코울먼이 설득력 있게 주장했듯이, 자신의 표가 집계되도록 하지만 집계된다는 느낌을 주지 않는 것으로 바라보게 된다.[5]

　　이 점을 면밀하게 살펴보자. 우리는 투표를 시민을 위한 시민적 참여의 최종 직전의 단계로 생각한다. 이렇게 생각하는 이유는 오랫동안 많은 사람들에게 투표권이 없었고, 그것을 쟁취하기 위한 투쟁이 펼쳐져왔기 때문이다. 하지만 그렇다고 해서 투표권이 마지막 단계인 것은 아니다. 마지막이기는커녕 시민 참여를 공식적으로 선언하는 지점으로 봐야 마땅할 것이다. 투표는 정부를 선출하는 방법이다. 우리에게 정부를 선출할 힘은 주어졌지만 투표로 물러나게 할 힘은 없다는 사실이 균형에 어긋난 것처럼 보인다. 그러므로 투표를 통해 정부를 몰아낼 수 있어야 한다. 우리가 뽑은 대표자들을 통해서든, 혹은 우리가 소집되어 새로운 정부를 선출하는 절차를 통해서든 그렇게 할 수 있어야 한다. 정부를 물러나게 하거나 정부가 택한 노선에 공식적으로 반대를 표명하는 길을 확보하는 것은 전혀 비합리적이지 않다. 실제로 여러 국가에서 중간 선거를 실시하여 현 정부의 지지 여부를 파악하는 신호로 이용하고 있다. 하지만 이것이 시민들을 실망시키는 민주주의 선거 제도를 대체하는 메커니즘은 아니다. 우리는 불복하고, 청원서에 서명하며, 대표자들과 접촉해 그들이 우리 얘기를 들어주길 희망해보지만, 우리가 받아든 답변들은 하나같이 기대를 저버리는 것이어서 결코 멈추지 않는 냉소주의의 순환 속에 붙잡혀버린다. 내 제안은 극단적이라 여겨질 수 있고 실행하기도 어렵다는 걸 안다. 실제 도입될 경우 해결되는 것보다 더 많은 문제를 발생시킬 수도 있다. 그럼에도 내가 이렇게 제안하는 것은 참여의 불균형 문제가 다양한 방법으로 수정될 수 있기 때문이다. 우리는 현재 선거 기간 동안 정치인들이 표를 얻기 위해 시민들의 비위를 맞추어야 하는 시스템을 가지고 있다. 하지만 시민들은 달래서 얻어내야 하는 표 이상의 존재이다. 시민들은 표를 통해 정치인에 대한 신뢰를 표현한다. 하지만 유대가 깨어졌을 경우 그 신뢰를 철회할 수 있는 메커니즘을 고안해내야 하는 것이다.

과거에 우리의 투표는 주로 여론을 모으는 방법이었다. 하지만 지난 몇 년 동안 치러진 선거는 투표가 조작될 수 있고, 거짓된 혹은 왜곡된 정보의 영향을 받을 수 있으며, 중요하게는 대중이 원하는 바를 잘못 드러낼 수도 있다는 점을 효과적으로 보여주었다. 학자들은 투표제가 오늘날의 민주주의에 기여할 수 없는 이유를 오랫동안 설명해왔다. 이 책의 앞부분에서 나는 사전에 결정된 대안에 맞추도록 응답을 제한하고, 침묵 선택권을 제거하며, 답해야 할 질문과 그 질문의 형식을 선택할 권리를 배제함으로써 투표가 선출 과정을 방해하고 있다고 논의했다. 다시 말하자면 우리는 과도하게 자라난 기구와 우리의 시민적 기능을 약화시키는 도구를 사용하고 있다. 이것은 마치 몸에도, 개성에도, 우리의 삶에도 맞지 않는 옷을 억지로 꿰어 입는 것과 비슷하다. 시민이 참여하는 새로운 길을 만들자, 기술을 사용하거나 새로운 기술을 고안하여 그 길을 깨끗이 닦아보자. 부드러운 자본주의는 민주주의를 뒤늦게 생각난 무엇으로서가 아니라 뚜렷한 목표로서 설계할 수 있다, 또한 부드러운 자본주의는 미국 같은 나라에서 후보자들이 장기간 질질 끄는 선거 기간 동안 져야 하는 부담을, 이를 테면 미디어의 주목경제에 부응해야만 하는 부담이나 무려 2년 가까이 지속되는 선거 운동을 유지하기 위해 자금을 끌어 모아야 하는 부담을 해소할 수 있다. 모든 정당과 대중이 동의하는 장기 계획을 통해 더 이상 효과적이지 않은 선거 과정을 개편하되, 그 변화가 중도에 버려지는 일이 없도록 하면 된다. 마지막으로 항상 인터넷과 씨름하는 정치인들은 인터넷이 유권자들에게 연설하게 해주는 도구가 아님을 알아야 한다. 대면 접촉 방식이 더 좋으며, 앞서 소개한 미시적 통치 방식을 활용하는 것도 효과가 있을 것이다. 사람들은 미디어에 너무나 냉소적이어서 그것을 이용하는 정치인을 신뢰하지 않는다. 인터넷과 인터넷 기반 플랫폼들은 사람들이 온라인에서 나누는 뜻깊은 대화들을, 혹은 사전에 결정된 범주 속에서 치러지는 선거나 국민투표로는 담을 수 없는 목소리들을 정치인들이 듣기 위한 도구이다. 정치인들은 거기에 귀를 기울여 들어야 한다.

6. 모두를 위한 시민 교육

인터뷰 대상자들은 교육의 필요성을 진지하게 언급했다. 매일 당면하는 엄청난 정보량에 압도되는 느낌을 받으면서도 그 정보를 샅샅이 읽어서 정보로 무장하고 시민적 참여를 꾀하는 방법을 찾고자 했다. 더 많이 읽을수록 똑같은 것을 반복해 읽고 있다는 생각이 커진다는 말도 나왔다. 그들은 일어난 사건에 대한 누군가의 견해를 읽는 대신 어떤 일이 일어났는지 그 자체에 대해 더 읽고 싶어 했다. 개인적·직업적인 의무들 때문에 세계에서 일어나는 일들을 따라잡을 시간이 거의 없다고도 했다. 3장에서 나는 우리 일상의 리듬 변화에 대해, 그리고 이것을 시민적 책무와 조화시키는 일의 어려움에 대해 매우 자세하게 썼다. 현재 언론 매체가 시민의 요구를 만족스럽게 채워주지 못한다는 점은 분명하다. 게다가 시민들이 정보 환경 바깥에서 여러 가지를 찾는다는 점이 명백하다. 여기에는 관심 전환과 함께 계몽의 기회도 포함된다.

이들 개인 차원의 우려를 넘어 인터뷰 대상자들은 정치인들이 업무 수행에 필요한 시민 교육이나 공공 교육을 받지 못한 상태라고 걱정했다. 상태가 정말 그렇다면, 그런 정치인들이 어떻게 공직에 선출될 수 있는가라는 후속 질문이 이어진다. 이에 대한 답은 사람들이 선택하고 싶은 인물이 없었기 때문이라는 것이다. 아무튼 정치는 아무런 경험 없이도 진입하여 성공할 수 있는 유일한 영역이다. 통치 경험이 없다는 것은 진정성의 표지로 환영 받는 경우가 많은 반면, 수년간 통치한 경험이 있다는 것은 부패의 확실한 신호로 읽히기도 한다. 채용 면접에서는 기술과 경험을 바탕으로 점수가 매겨지지만 정치 후보자는 자신을 어떻게 드러내느냐에 따라 평가된다. 진실해 보이는지, 함께 맥주 한잔 하고 싶은 유형인지, 공감 되는 말로 얘기하는지 등등. 그 결과 미디어에 정통한 사람이 후보자 인터뷰 같은 매개 과정을 잘 소화해내는데, 그렇다고 가장 정통한 사람일 필요까지는 없다. 여기에는 물론 예외가 있다. 변화를 만들려면 우리가 채용 시장에서 적용받는 바로 그 높은 기준을 정치인에게도 적용해야 한다. 우리는 배우를 뽑는 것이 아니다. 정치인은 순발력과 공감력을 갖춰야하지만 이는 그들이 갖춰야 할 수많은 자질 중 하나일 뿐이다. 인터뷰에서 만난 대부분의 사람들은 정치인에게 핵심 자질이 결여되었다고 느낀다. 학교로 보내야 한다고 말한 사람도 있었다.

정치인을 학교로 보내는 것, 혹은 일정한 교육 수준을 요구하는 것은 민주주의 통치로 가는 길에 피하고 싶은 진입 장벽을 만드는 것이지만, 최소 수준의 지식을 요구하는 것이 비합리적이지는 않다. 질 좋은 교육 특혜를 누린 엘리트를 선호하는 대신, 선거 이전과 이후에 모든 선출직 공직자들이 단기적 문제 및 장기적 문제에 관해 교육 받는 시스템을 구축할 수 있을 것이다. 이와 함께 우리의 눈과 귀를 훈련시켜서 겉모습을 넘어, 그리고 우리 자신의 편견을 넘어 우리가 평가할 각 후보자의 본질을 볼 수 있어야 한다.

7. 메시아 잊어버리기

대부분의 정치인들은 라디오, TV, 사진 보도 등의 미디어가 공과 사의 경계를 흐리게 만드는 방식에 대해 불편함을 느낀다. 이를 가장 잘 잡아낸 것이 언론과 정치 커뮤니케이션 학자인 조슈아 메이로위츠(Joshua Meyrowitz)의 수상작 저서 『장소감의 상실(No Sense of Place)』이다. 메이로위츠는 현대 미디어가 일상의 상황적 지형을 변형한다고 설명한다.[6] 이들 미디어는 공과 사의 경계를 희미하게 만듦으로써 많은 사람들, 특히 정치인들이 공적 공간에 맞는 행동과 사적으로 할 수 있는 행동을 구분하기 힘들게 한다. 가장 중요한 것은 현대 미디어의 즉각성이 정치인과 시민 사이에 존재하던 비밀의 장막을 걷어버린다는 데 있다. 이는 정치를 탈신비화한다는 면에서 공적 생활에 꼭 나쁜 현상은 아니다. 그러면서 현대 미디어는 정치인들이 쉽게 다가설 수 있는 옆집 사람처럼 자신을 드러내도록 독려한다. 수백만 명 대중에게 다가가야 하는 정치인이 모두에게 옆집 사람이 되기란 불가능하다. 그리하여 처한 상황에 따라 달리 보여주는 다양한 페르소나 혹은 '얼굴'을 만들어낸다. 이는 우리 모두에게도 나타나는 합리적인 대응이며 일상적 행동이다. 우리는 직장을 위한 어떤 페르소나를 지니고 있고, 가족과 함께 있는 집에서는 달리 행동하며, 친구들과 어울릴 때는 또 다른 성격을 보여준다. 우리는 일상생활 속에서는 변함없는 모습을 유지하려 한다. 하지만 공적, 사적, 혹은 이 두 가지 성격이 조금씩 뒤섞인 공간을 넘나들 때는 자신의 본모습 혹은 자신이 원하는 모습에 충실하고자 행동을 조정하려고 하는 것이다.

그러나 정치인이 이런 식의 행동 조정을 미디어에서 시도했다가는 진정성이 없다고 간주된다. 현대 미디어가 제공하는 친밀성 착각은 정치가들이 자기 개성과 맞지 않는 행동을 하도록 만든다. 1960년대에 리처드 닉슨이 TV 토론에서 밀려 결국 대통령 선거에서 존 F 케네디에게 패배한 이유가 TV 출연 당시 화장하기를 거부했기 때문이라고 한다. 이는 자신의 본모습에 충실하고자 한 진실한 행동으로 읽힐 수도 있었겠지만, 결과적으로 어둡고 지쳐 있으며 땀에 젖은 채 도무지 대중의 신뢰를 얻을 수 없는 모습으로 비춰지고 말았다. 반면 케네디는 토론에서 닉슨보다 월등하게 유창하지는 않았지만, 화장을 받은 덕분에 자신감 넘치고 믿을 만한 모습으로 TV에 비춰질 수 있었다. 정치인이 미디어를 활용할 때에는 공적 공간과 사적 공간의 중간 어디쯤에서 행동하는 것이기 때문에, 메이로위츠가 말하는 장소감, 즉 행동을 유발하는 맥락의 상황적 의미를 잃어버리게 된다.

우리는 진실하고 믿을 만한 정치인을 찾고 싶어 한다. 하지만 우리가 미처 깨닫지 못하고 있는 것은 사람들이 자신의 모습을 갖추기 위해 일정한 연기를 하도록 종용하는 것이 미디어의 작용이라는 점이다. 케네디는 자신이 동원할 수 있는 자원을 효과적으로 활용한 덕분에 TV에서 성공적인 연기를 했다. 하지만 공적 영역과 사적 영역이 훨씬 더 많이 겹치는 오늘날의 소셜 미디어 환경에서도 케네디가 살아남을 수 있을지는 미지수이다. 연설을 엄청나게 잘하는 지도자들을 TV에서 볼 때가 많다. 그럴 때 우리는 그들이 연설문 작성 전문가를 고용하고 있고, 연기력에 의존해 수사적 성공을 얻어낸다는 점을 잊어버린다. 레이건의 안정된 어조, 클린턴의 오른쪽을 향한 가벼운 끄덕임, 블레어의 확신하는 말투, 심지어 진정성을 확고하게 심어줬던 오바마의 생각에 잠긴 듯한 단조로운 말소리까지 모두 연출된 것이다. 우리는 한 나라를 이끄는 유능한 지도자가 옆집 사람처럼 행동하기란 인간적으로 불가능한 일이라는 점을 잊어버린다. 옆집 사람이 공직에 출마하지 않는 이유는 사실 거기에 있지 않은가.

소셜 미디어는 공적 영역과 사적 영역의 겹침을 한층 심화시킴으로써 막상 소셜 미디어를 사용하려는 정치인들을 당황하게 만든다. 대부분의 정치인들은 대중에게 말을 전하는 용도로 소셜 미디어를 활용하고 있지만, 그래봐야 대중은 깊게 실망할 뿐이다. 어떤 정치인들은 사람들과 대화를 나누는 용도로 소셜 미디어를 시도하지만, 소셜 미디어의 속성을 생각할 때 그 시도는 도전적이다. 수백만의 대중과 제각각의 대화를 일관되게 진행하면서 동시에 국가를 운영하기란 이치에 맞지 않는 것이다. 마지막으로, 정치인들도 우리와 마찬가지로 사생활을 지닌 인간이다. 나는 누군가가 소셜 미디어를 이용하여 공과 사의 경계를 흐리고, 사생활을 상세하게 공개하며, 선거운동의 일환으로 가족과 어린 자녀까지 TV에 출연시키면서 쉽게 만족하는 최근의 경향을 깊이 우려한다. 또한 나는 정치인이 공적으로, 즉 미디어에서 자신이 정상적임을 주장하려는 듯이 혹은 자신도 우리와 똑같은 존재임을 보여주려는 듯이 가족에 둘러싸인 채 등장하는 것이 대세가 되어가는 것도 걱정스럽다. 우리는 우리보다 낫다고 생각되는 이에게 표를 주어야 한다. 배우자나 중요한 인맥, 혹은 자녀들 때문에 누군가를 공직에 앉히는 것이 아니다. 그러니 정치인 가족이 우리의 공적 지평에 들어와야 할 이유는 전혀 없다.

자, 이제 이 논의를 자연스럽게 정점으로 끌어올려보자. 특정 유형의 정치인에 대해 이야기를 해보자는 것이다. 너무나 편안하게도 한 발은 사적 영역에, 다른 발은 공적 영역에 빠뜨린 채 군중의 지지를 끌어내는 페르소나 연기를 하는 인물, 이른바 메시아 말이다. 메시아는 공과 사의 겹침에도 편안함을 느끼며, 소셜 미디어에 능통해 그것을 마치 개인 홍보 담당처럼 활용할 뿐만 아니라 자신과 연결된 대중이나 자신이 짜증을 준, 혹은 자신이 화나게 한 대중까지도 에너지 넘치게 하는 방식으로 소셜 미디어를 활용한다. 순전히 포퓰리즘 방식으로 문제 해결을 약속하지만 구체적인 내용은 없다.[7] 트럼프 대통령은 소셜 미디어를 능숙하게 활용한다. 그의 트윗은 동지나 지지자들을 향하지 않는다. 이들과는 집회에서 대면으로 만나거나 자신의 믿을만한 추종자인 헌신적인 매체를 통해 소통하기 때문이다. 그의 트윗은 미디어와 정적을 향한 것이고 이는 아주 성공적으로 그날의 뉴스에 대한 관심을 분산시킨다. 미디어는 순식간에 상황의 맥락을 잊어버리고 대통령의 관점을 반복하고 논평하며, 나아가 증폭하는 데 매달린다. 트럼프 대통령은 이러한 관심 분산의 수사적 전략에서 달인 수준이지만, 그가 유일한 존재는 아니다. 여러 스캔들에 연루된 후 2019년에 낙선한 그리스의 알렉시스 치프라스 총리는 광장에서나 TV 출연으로 행한 연설을 통해 군중을 흔들어버리곤 했다. 브렉시트 설계자들인 보리스 존슨과 나이젤 패라지(Nigel Farage)도 온라인과 오프라인에서 이와 유사한 관심 분산의 수사를 동원했다. 브렉시트라는 말만 반복할 뿐 구체적인 내용은 피해갔던 것이다. 메시아는 흔히 부활을 약속한다. 메시아는 문제를 모두 없애버리는 구원자로서 등장한다. 메시아는 전혀 구체적이지 않지만, 현대 미디어가 조장하는 맥락적 의미의 상실 속에서 메시아는 활개칠 수 있다.

8. 역이용하기 : 뉴스 미디어, 헤드라인 그리고 주목 경제

뉴스 헤드라인은 소개하고, 프레이밍하며, 맥락화한다.[8] 또한 그것은 의의를 부여하고, 진지함을 전달하며, 지위를 강화한다. 그것은 올바른 정보도, 잘못된 정보도 제시한다. 그것은 뉴스가 이야기로 전환되는 과정의 핵심 부분이다. 장기적으로 그것은 이야기가 다시 말해지고 기록되어 결국 기억과 역사로 전환되는 데 일정한 역할을 담당한다. 단기적으로 그것은 주목 경제를 체계화한다. 정보가 상품이 되는 현대 사회에서 주목 경제는 최고의 권력이다. 다양한 미디어를 통해 반복되는, 그러나 그 아래에 기사가 없는 헤드라인을 지금 상상해보라. 이 헤드라인은 당신의 주목을 끌기 위해, 혹은 당신을 특정 웹사이트, 피드, 프로그램으로 유도하기 위해 고안된 것이다. 오늘날 뉴스 화법 구조는 자극적인 낚시성 헤드라인을 동원하여 논란이 될 법한 내용의 이야기를 들려준다. 나의 인터뷰 대상자들은 주요 이슈에 대한 심층 보도가 없다는 데 자주 실망감을 표했다.

헤드라인이 지배하는 뉴스 정보계(infoscape)의 효과를 설명해보자. 헤드라인은 뉴스 스크롤러나 리트윗 혹은 화면에 일정한 주기로 나타나는 반복의 형태로 제시된다. 시대에 따라 헤드라인 제시 방법은 변했을지 모르나 그 형식은 동일하게 남아 있다. 언어는 짧고 요약적이며 날카로워야 한다. 단어들은 내용의 결정적인 요소들을 전면에 내세워야 하고, 필요하다면 문법과 구문으로 강조할 사항을 선전한다. 헤드라인의 절제된 언어는 팽팽하며, 그 작용은 신속하고 효율적이어야 한다. 그것은 이상적이기는 하지만, 내용의 본질을 흐리지 않은 채 독자의 주의를 붙잡으려 한다. 헤드라인은 독자의 주의를 끌어당길 뿐만 아니라 그 방향을 정해주며, 이 과정에서 내용에 프레임을 씌운다. 말하자면 내용을 이해하기 위한 렌즈를 제공한다. 헤드라인이 인지 과정을 시작하게 만드는 것이다. 헤드라인은 "현실의 몇몇 측면들을 의사소통 텍스트 안에서 더욱 두드러지게 함으로써 특정 문제의 정의, 인과적 해석, 도덕적 평가 혹은 처방 권고 등을 촉진하는" 방식으로 당면 문제를 프레이밍 한다.[9] 프레이밍은 뉴스의 가치에 따라 이루어지며, 그 가치 면에서 우선시되는 것은 새로움, 긴급성, 근섭성 / 경제 및 정치적 사건 / 특권적 국가 및 지배 이데올로기 등이다. 상식, 연예, 드라마적 요소로 시청자들의 흥미를 돋우는 식의 프레이밍도 있다.[10] 뉴스의 가치는 사건을 이야기로 전환하는 것과 연관이 있고, 헤드라인은 그러한 전환의 첫 걸음이다.

새로운 기술은 헤드라인의 프레이밍 방식이나 프레이밍 과정을 이끄는 뉴스 가치의 속성을 근원적으로는 바꾸지 않는다. 하지만 가시성을 확대하고 접근을 다원화한다. 이에 따라 프레임이 제공하는 방향 지시성 렌즈는 더 잘 보이게 됨으로써 보다 많은 청중에게 보다 빨리 닿을 수 있게 된다. TV가 촉발한 연중무휴의 뉴스 체제를 뒤따라 하면서 새로운 미디어 플랫폼은 뉴스 보도의 즉각성 집착을 강화·재생산한다. 헤드라인은 언제나 최신이어야 한다. 헤드라인은 다음날의 편집을 기다릴 것 없이 당장 수정 가능하므로 즉각적으로 수정된다. 헤드라인은 수정 가능하므로 독자의 시선이 사라질 때까지 계속 수정된다. 그리하여 우리는 끊임없이 변화하고, 언제나 뉴스 출처가 업데이트되며, 헤드라인이 항상 이미 새로운, 그런 뉴스 생태계 속에서 살고 있다.[11]

그 결과 헤드라인은 다양한 뉴스 기관이 시선을 끌기 위해 활용하는 미끼가 된다. 해시태그가 헤드라인이 되고 트윗은 헤드라인인 동시에 이야기로서 보도된다. 헤드라인은 알고리즘으로 생성·전파되어 사실 혹은 거짓 뉴스를 보게 한다. 중요한 점은 새로운 플랫폼에서는 누구나 헤드라인을, 뒤이어 뉴스 이야기를 만들 기회를 얻게 된다는 것이다. 이는 뉴스 생태계를 다원화하지만 그렇다고 그 과정을 반드시 민주화하는 것은 아니다. 독립적인 혹은 조직적인 저널리즘 행위에 참여하는 행위자는 공론장에 어떤 이야기가 어떻게 소개되고 말해질 것인지에 관여한다. 우리는 이 과정을 네트워크 프레이밍 혹은 게이트키핑 형태로 이해할 수 있을 것이다. 이러한 형태 속에서는 인간과 비인간을 망라한 다양한 행위자들이 적절한 프레이밍 속에 엘리트와 군중을 공생적으로 연결하는 대화적, 사회적, 디지털적 관행을 이용하여 크라우드 소싱된 뉴스 콘텐츠를 두드러지게 한다.[12] 기술은 중립적이지 않다. 기술은 노출을 증강한다. 하지만 기술은 사실과 허구를 구분하지 않는다. 시민, 언론인, 정치인은 구분할 수 있다.

헤드라인은 뉴스 읽기의 매력 중 하나이다. 신문의 시대 초기에는 소년 판매원들이 행인을 붙잡기 위해 헤드라인을 큰 소리로 외쳤다. 신문을 구하거나 접하기 힘들었던 시절 헤드라인은 사람들이 카페에 모여 그것을 읽으며 대화를 나누는 밑바탕이 되기도 했다. 커피와 핫도그 사이로 1면 상단부가 보이게 신문을 진열한 뉴욕의 푸드 트럭에서부터 빨래집게로 신문을 철사줄에 매달아둔 유럽이나 남미의 키오스크에 이르기까지, 사람들은 그런 것 주변으로 모여들어 그날의 헤드라인을 눈여겨보며 끼리끼리 격의 없는 대화를 나누곤 했다. 우리가 뉴스를 처리하는 과정에는 인지적 요소가 존재하며, 프레이밍은 그 인지적 과정이 어떻게 관여하는지를 겨냥한다. 하지만 뉴스 읽기 과정에는 가볍게나마 드라마적 요소가 있으며, 그것은 인쇄된 신문을 읽든 혹은 출근길에 휴대전화로 뉴스사이트를 훑어나가든 우리가 그렇게 매일 반복하는 일상 속에 언제나 휩싸여 있다. 뉴스를 찾아보는 과정에 접근하고 열중하는 데에는 감정도 개입된다. 그런데 이것은 사회적인 정보 탐색 과정에 해당한다. 이런 과정이 헤드라인을 통해 일어나는 것이다. 헤드라인의 효과, 다시 말해 헤드라인이 불러일으키는 분위기, 기운, 감정 등은 우리를 끌어당겨 한층 더 우리를 감정적으로 몰아간다. 그 효과에 의해 우리들은 친구들과 어울려 헤드라인에 대해 토론하고, 논평하며, 농담도 날리는 데 익숙하게 된다. 하지만 표면 아래 깊숙이 파고드는 일은 거의 없다. 왜냐하면 헤드라인 그 자체가 얘깃거리가 되는 경우가 너무나 많기 때문이다.

새로운 플랫폼은 뉴스 경험을 어떻게 재조직하는가? 그것은 24시간 뉴스 순환 효과를 빚어내고 나아가 확대하면서 뉴스 보도의 즉시성에 대한 집착을 배양하고 재생산한다. 뉴스를 전하는 디지털 네트워크 플랫폼이 헤드라인의 유행을 확산시키는 방법은 다양하며, 그중 몇몇에 대해서는 앞에서 언급한 바 있다. 여기서는 뉴스에 반응하는 우리의 감정에 기술이 어떤 질감을 부여하는지에 초점을 맞추고자 한다. 이와 관련된 핵심 용어는 '사전 중재(premediation)'이며, 이는 사건이 이야기로 전환되기에 앞서 사건의 형태를 기술하는 것이다. 따라서 사전 중재는 진행 중인 사건의 과정에, 뉴스가 어떠할지에 대한 기대에, 헤드라인이 어떻게 읽힐지 에 대한 생각에 연결되어 있다, 리처드 그루신(Richard Grusin)은 뉴스 기관을 포함해 많은 사람들이 사건의 의미를 파악하려고 애를 먹었던 9·11 이후, 사전 중재가 뉴스 화법을 장악하기 시작했다고 주장한다. 그루신은 당시 뉴스 화법의 주요 품목이 된 뉴스 스크롤러가 헤드라인이 끊임없이 업데이트 될 것이라는 마음 졸임을 통해 전달된 새로움에 대한 기대의 한 가지 사례라고 지적한다.[13] 뉴스 스크롤러 형태는 온라인 뉴스의 시각적 스타일과 표현을 지배하고 있다. 그것은 기대를 불러일으키는, 그리고 기대와 함께 언제나 새로움을 바라는 상태인 마음 졸임을 불러일으키는 형태이다.

다른 곳에서 나는 뉴스 화법의 이런 형태를 감정적 뉴스라고 설명한 적이 있다.[14] 그것은 냉철한 성찰, 신중한 사실 확인 등 대체로 느린 뉴스를 유도하는 뉴스 화법 형태가 아니다. 감정적 뉴스의 원산지는 트위터나 페이스북, 혹은 특히 레딧 같은 다양한 소셜 미디어를 활용하는 주변의 상시 접속된 구조물이다. 감정적 반응은 뉴스도 아니고 헤드라인도 아니다. 감정적 반응은 뉴스 읽기라는 사회적 경험에서 나오고 이야기 읽기에 대한 즉각적이고 의례적인 반응이다. 그것은 이야기에 화답하는 기본적 방식이며, 결국엔 보다 뜻깊은 의견으로 발전한다. 문제는 감정 혹은 감정적 반응이 이야기가 될 때 발생한다. 그렇게 되면 우리는 뉴스 대신 뉴스 스크롤러의 리듬에 따라 반복되는 헤드라인을, 소셜 미디어 피드를, 끊임없는 뉴스 업데이트를, 계속 이어지는 속보를 접하게 된다. 헤드라인만이 감정적으로 반복되고 후속 내용이나 맥락이 없다면 우리는 국무장관 힐러리 클린턴의 이메일에 대해 계속 들으면서도 실상 정확히 무슨 일이 있었는지 알 수 없다. 트럼프 대통령이 납세 신고서를 제출하지 않았다는 뉴스 특보를 계속 받지만 어떻게 그런 일이 가능하며 그 납세 신고서가 무엇을 드러낼지 등의 구체적인 내용은 건너뛰어 버린다. 브렉시트 소식이 시끄럽지만 그 특별한 단계까지 발전하게 된 상황의 복잡성은 결코 알려고 하지 않는다. 달리 말해 우리는 강렬함은 얻지만 실체는 놓친다.

주목 경제는 뉴스 화법 관련 사업에서 한 번도 빠진 적이 없다. 헤드라인은 독자의 관심을 끌어당기는 주도적 메커니즘으로서 주목 경제의 핵심이다. 이것이 새로운 문제라고, 아니 문젯거리라고 가정하는 것은 뉴스 제작 업무나 보도국의 의사결정 방식을 모른다는 뜻이다. 헤드라인은 뉴스 화법 사업을 위해 재정적으로 가능한 한도 내에서 움직여야 한다. 뉴스는 하나의 사업이며, 뉴스를 보도하는 사람들은 뉴스 제작의 시장 경제 안에서 기능한다. 뉴스 제작 사업은 후기 자본주의 범위 내에 존재하고, 재정적으로 지속가능하려면 그 한계 안에서 운영되어야 한다. 경제적 측면과 진실 보도 정책을 조화시키는 것은 결코 쉬운 일이 아니며, 기자나 뉴스 기관을 복잡하게 만들어왔다. 이런 어려움이 극복 불가능하지는 않지만, 보도국이 절묘한 균형을 유지하는 가운데 영리하고 지략 있는 편집인이 나서야 할 때가 많다.

소셜 미디어는 이 복잡한 방정식을 절대 단순하게 만들어주지 않는다. 그와 반대로, 신문이 정보 판매 사업 안에 위치해 있고 새로운 미디어가 정보 공유를 유난히 쉽게 만들어주기 때문에, 소셜 미디어 플랫폼은 정보를 하나의 경제 상품으로 다룰 때 생기는 긴 시간 동안의 긴장을 더욱 증가시킨다. 정보는 추상이다. 경제 시장에서 사고파는 상품들과 달리 정보는 물질적 실체가 없다. 서비스업들도 대부분 마찬가지지만, 정보가 상품으로서 독특함을 지니는 것은 그 추상적 본질 때문이다. 정보는 단위별로 쪼개어 팔거나 생산하거나 분배할 수 없다. 다른 상품들과 달리 정보는 완전히 사용되거나 완전히 소비될 수 없다. 판매된 이후에도 여전히 생산자에게 남아 있다. 가장 중요한 것은 고객마다 가치를 달리 평가한다는 것이다. 이런 모든 이유로 정보는 붙잡기 어려운 상품이다. 정보는 자유를 원한다. 정보는 주관적으로 정의되는 독립체로서, 특별하게 가벼워 거래하기가 어렵다.

세계적으로 활동하건 지역적으로 특화되어 있건 네트워크화된 뉴스 기관에게 정보는 성장과 번영의 핵심 변수이다. 그러나 정보가 물품이 아니라 궁극적으로 하나의 추상이란 점을 깨닫지 못하면, 정보를 비트나 바이트 단위로 나누어 팔려 하거나, 목록 형식이나 낚시성 콘텐츠 형식으로 포장하려 한다. 또 가장 가치 있는 것은 아니더라도 가장 주의를 잘 끄는 정보 요소들을 경매

처분하듯 처리하려 한다. 이 난장판에서 빠져나오는 쉬운 길은 없다. 변화하려면 인내와 협력이 필요하다. 첫째, 선도적 뉴스 기관들이 뉴스 경제를 규정하는 시장의 원리를 따라야 하고 둘째, 뉴스 기관이 부분적으로든 전체적으로든 재정적 독립을 이뤄야 한다. 위기의 시대에 힘을 합쳤던 뉴스 기관들의 역사적 선례가 있으므로, 당면한 과업이 어렵기는 해도 불가능한 것은 아니다.[15]

9. 저널리즘 재창조

새로운 미디어 기술은 뉴스 화법에 혁신적 방법을 제공하지만, 정치인 및 미디어에 불만을 품은 대중과 다시 연결하기까지는 먼 길을 가야 할 것 같다. 애석하게도 새로운 기술은 대체로 전통적인 생산 경제와 손을 잡고서, 낚시성 헤드라인이나 로봇 친화적인 리드, 혹은 드라마틱한 각도를 생산해내고 있다. 이러한 경향과 긴장감은 한나 아렌트가 말한 진실과 정치 사이의 간극을 한층 심화시킨다. 이는 최근의 몇 차례 선거 동안 절정에 달했지만 물론 새로운 일은 아니었다. 그렇다면 저널리즘, 정치인, 대중 사이의 긴장 관계에 대해 우리는 무엇을 해야 할까?

어찌 보면 저널리즘은 언제나 위기에 놓여있었다. 그 위기는 진실을 말해야 할 필요성과 정치적 우선순위를 조화시키는 어려움에 의해 빚어진다. 거의 불가능해 보이는 과업에 기자들은 매일 직면하고, 새로운 미디어는 그 과업의 규모를 확대하는 동시에 문해력이라는 탈출구를 제공한다. 무엇보다 네트워크 플랫폼들이 연결과 표현의 기회를 제공한다. 남들과 싸우고 헐뜯고 대화할 가능성, 또한 경청하고 학습하고 (자신이나 남들을) 교육할 가능성을 열어주는 것이다. 궁극적으로 가장 확실한 보안책은 비판적 문해력이다. 그것은 헤드라인 너머를 응시하며 이야기를 탐색할 수 있게 배우는 것이다.

여러 해 전 나는 트위터가 뉴스 화법 플랫폼으로 기능하는 방법을 알아보기 위한 연구에 참여했다. 2010년 무렵이었다. 당시 트위터는 색다른 매체였고 공동체 내에서 친구들끼리 비판적으로 소통하는 활동을 주로 지원했다. 일대일의 쌍방 대화에서 출발한 다성(多聲)적 대중 방송이라는 독특한 형태였다. 뉴스 기관이 그것을 어떻게 활용할 수 있을지에 대해, 그리고 시민들이 과연 그것을 운용할 수 있을지에 대해 갖가지 추측이 난무하곤 했다. 그즈음 '아랍의 봄' 운동이 일어나 중동과 북아프리카로 번졌고, 스페인에선 '분노하라' 운동이, 미국에선 '점령하라' 운동이 벌어졌다. 이들 운동은 트위터가 할 수 있는 역할을 보여주기도 했는데, 언론 기관이 미처 이해할 준비가 되어 있지 않은 이야기들을 트위터가 전해주었던 것이다.

소셜 미디어, 특히 트위터가 이들 혁명을 가능케 한 것일까를 둘러싸고 많은 논의가 있었다. 그러나 모두 쓸모없는 대화였다. 변화는 서서히 이루어진다. 혁명은 오래 걸린다. 혁명이 의미를 지니려면 오래 걸려야 한다. 때로 혁명은 우리가 보아 왔듯이, 민주주의에서 벗어나기도 하고, 민주주의 방향으로 가지 않기도 한다. 그러니까 소셜 미디어가 혁명을 만들거나 깨뜨리는 것이 아니다. 하지만 이들 혁명이 소셜 미디어를 만들었다는 점은 분명하다. 그러는 과정에서 혁명은 내가 감정적이라 부르는 뉴스의 한 형태를 강화하였다.

이런 뉴스는 정치적이든 아니든 온갖 종류의 메시아를 가능하게 한다.

감정적 뉴스란 무엇인가? 감정적 뉴스는 '아랍의 봄'과 이를 뒤따르는 수많은 운동이 진행되는 동안 뉴스 화법을 장악했던 the crowd-sourced, bottom-up, live-tweeted, curated, swarm-fact-checked stream of news [크라우드 소싱되고, 아래 위로 움직이며, 실시간 트윗되고, 큐레이션 되며, 군집 사실 확인된 뉴스의 흐름]을 우리가 연구하면서 출현했다. 감정적 뉴스는 실시간 트윗되는 뉴스 보도, 드라마, 사실, 의견 등이 하나로 섞여들어 서로를 구분하는 것도 불가능하고 구분해봤자 의미가 없을 정도가 된 혼합물이다. 이것은 새롭지는 않지만 소셜 미디어를 통해 확산되고 있다. '감정'이란 무엇이고 어째서 나는 이런 뉴스를 '감정적'이라 칭하는가?

'감정 affect'은 '정서 emotion'와 같은 말이 아니다. 이들은 우리가 읽는 정감 있는 뉴스 보도와는 다르다. '감정'은 정서를 경험하기 전에, 혹은 인지 메커니즘이 작동해 정서라고 이름 붙이기 전에 느끼는 감각이다. 좋아하는 노래에 발장단을 치는 것은 감정적 반응이다. 좋아하는 노래를 흥얼거리는 것도 감정적 반응이다.

감정적 뉴스는 어떤 모습일까? 짧고, 보도와 유사하며, 의견과 드라마가 뒤섞여 있고, 알파벳 200자 미만이며, 무엇보다 강렬하다. 감정은 느낌이 아니다. 감정은 느낌의 강렬함과 관련된다. 그것은 당신을 손가락으로 찌르는 것과 당신을 밀치는 것, 혹은 당신을 땅에 넘어뜨리는 것 사이의 차이다. 그것은 빰을 어루만지는 것과 얼굴을 찰싹 때리는 것 사이의 차이다. 같은 동작이지만 강렬함이 다르고 그에 따라 다른 의도와 다른 결과가 나온다. 이런 생각이 어떻게 메시아와 연결될까?

메시아는 감정적으로 연결된다. 메시아는 '사실', 드라마, 의견, 강렬함이 하나로 뒤섞인 혼합물을 제시한다. 문제는 메시아가 그 혼합물을 전달하는 데만 있는 것이 아니라 기자들이 그것을 집어 들고서는 그것에 동의하든 말든 상관없이 매료되어버리는 데 있다. 어쩌면 그것에 매료되는 것은 기자가 아니라 뉴스를 주도하는 주목 경제일 수 있다. 뉴스가 주목 경제에 좌우되지 않았던 때가 과연 언제였는가? 결국엔 이것이 뉴스로 보도되는 것이다.

그리하여 뉴스 미디어는 감정적 담화 narrative를 재생산한다. 여기에 핵심이 있다. 감정, 강렬함은 사건이 아니다. 이야기를 통해 시민들이 나름대로 느끼는 방식이다. 하지만 감정과 강렬함이 '사건으로' 보도되면 문제가 발생한다. 이러한 방식으로 우리는 사실 확인이나 수완 있는 편집을 거치지 않은 채 자동적으로 헤드라인이 되는 트윗을 보고 있다. 우리는 놀랍도록 강렬한 한 줄짜리 소식을 듣지만 더 이상의 내용은 얻지 못한다. 계획 얘기는 잔뜩 들려오지만 세부 사항은 없다. 이 한 줄짜리 소식은 후렴구처럼 혹은 합창처럼 몇 번이고 반복을 거듭하면서 동의 혹은 분개와 같은 우리 자신의 감정적 반응을 자아내는 지경으로까지 몰고 간다. 어떤 예들이 이런 반응들에 해당할까? 듣고 있는 채널의 음소거, 뉴스 꺼버리기, 차단하기, 오랫동안 소셜 미디어 피드를 떠나 있기 등등, 이런 것들이다.

감정, 그 강렬함의 형식은 공동체의 느낌을 유지하는 데 매우 성공적일 수 있다. 공동체의 느낌은 앞으로 전진하는 운동을 반사적으로 주도할 수도 있고, 대중을 수동적 비참여 상태, 즉 운동은 없고 강렬함만 넘치는 상태에 가둘 수도 있다. 계속 돌아가는, 결코 끝나지 않는, 언제나 진화하는, 그러면서 출구도 없는, 어떤 식으로든 풀려날 수 없는 강렬함의 순환 고리에 갇혔다고 상상해보라. 이건 시민들에게는 악몽이다. 하지만 이것은 전 세계 대부분의 사람들이 처한 시민적 현실이다. 이러한 현실의 시민적 정보계가 미디어에 의해 지탱된다.

나는 기자들에게 더 발전하라고, 그러기 위해서는 기술을 사용하라고 권고한다. 기자들은 기술을 자주 사용하면서도 낡은 습관과 관행을 재현할 뿐이다. 기술은 사람들의 표현 및 연결 기회를 제공한다. 시민들은 의견을 표현하고 서로를 연결하기 위해 기술을 사용한다. 기자들도 시민들의 말을 듣기 위해, 그들의 목소리를 확산시키기 위해, 그리고 그들과의 연결을 위해 기술을 사용해야 한다. 미디어 사업이 주목 경제에 흡수되면서 사라져버린 신뢰를 재구축할 수 있는 것도 이러한 연결의 반복적 실행을 통해서이다. 뉴스 기관은 주목 경제의 이점을 취해 가치 있는 이야기를 생산할 수 있다. 이윤과 품질은 공존할 수 있으며, 기술이 이를 도울 수 있다. 기술은 행동 추적이나 광고에만 유용한 것이 아니다. 기술은 이야기 생산 비용을 낮출 수 있다. 기술은 이야기를 좀 더 매력적인 말로 전개하는 데 이용될 수 있으며, 연결이 끊어진 도시나 시골 지역뿐 아니라 멀리 떨어진 세계 각 지역의 이야기를 추적하는 데도 이용될 수 있다. 기술은 또한 시민들이 기자의 관점에서 이야기를 바라볼 수 있게끔 만들어서 신뢰 재구축의 길을 닦는데 사용될 수 있다. 그러나 지금 당장 신뢰가 재구축되는 일은 없을 것이며, 재구축 작업을 즉각적으로 시행하는 것도 불가능하다. 느리지만 꾸준한 변화 과정이 미디어에 대한 대중의 상실된 신뢰를 되살릴 수 있다.

이른바 '탈 진실 시대(가짜 뉴스 전성시대)'의 기자들은 진실을 규명할 필요가 있고, 진실의 발견자가 될 필요가 있다. 사람들이 기자를 신뢰하면 기자는 사람들을 정치인과 연결할 수 있다. 미디어는 올바로 사용되는 경우 정치에 대해 잃어버린 믿음을 회복하고 바로잡을 수 있다. 기자는 신뢰를 향한 민주주의적 통로가 될 수 있으며, 그렇게 하는 가운데 변화의 매개자가 된다.

변화하라. 진화하라. 기술은 기자의 지배적 패러다임에 맞춰지기 위한 것이 아니라 패러다임의 재창조를 돕기 위한 것이다.

메시아는 어떻게 해야 할까? 그들을 두드러지게 부각하지 말라. 그저 인간으로, 재능도 있고 결함도 있는 인간으로 대하라. 메시아로서 투사된 가면 뒤편의 실제 모습을 발견하라. 메시아에게 플랫폼을 제공하지 말라. 메시아의 목소리를 크게 키우지도 말 것이며, 그 목소리를 온라인에 다시 퍼뜨리지도 말 것이며, 플랫폼에 메시아가 수월하게 접근하도록 내버려두지도 말라. 메시아도 미디어를 이용한다. 그렇게 하여 그들은 메시아의 지위를 획득한다. 미디어가 아니라면 그들은 단지 인간, 그저 평범한 인간일 뿐이다. 미디어와 함께 하며 그들은 구원자로서 나타난다. 제임스 해밀턴(James Hamilton)의 말처럼 기자는 민주주의의 탐정이 되어야 한다.[16] 기자는 진실의 발견자이다. 기자는 이야기꾼이 아니다. 우리에게 인물, 드라마, 플롯의 반전 따위나 떠올리게 하는 이야기의 횡포에 기자는 저항해야 한다. 기자는 이야기꾼 미디어와 함께 일하는 진실의 발견자일 뿐이다.

10. 스스로 변화를 일으키는 시민 되기

시민인 당신은 이야기꾼이다. 그러므로 이야기를 하라, 세상을 이해하기 위해, 당신이 누구인지, 이 세상과 당신이 어떻게 어울려야 하는지 이해하기 위해. 주목 경제에서 당신은 강력한 상품에 주목한다. 이것이 진정한 시민으로 가는 길이다. 관심을 어떻게 집중할지 결정하라. 낚시성 헤드라인에 관심을 허비하지 말라. 당신이 관심 둘 것은 당신의 권력이다.

아무도 우리를 구원하지 않을 것이다. 민주주의에서 살려면 다른 사람들을 보호해야 한다. 민주주의의 조건은 인간의 조건이다. 이것은 정치나 통치에 관한 얘기가 아니다. 인간이 되는 것에 관한 얘기이다. 우리는 시도한다. 그리고 우리는 툭하면 실수한다.

선거에 나선 후보자들은 직책을, 업무를 다하기 위해 뛴다. 선거운동은 오락이 아니라 면접 과정이어야 한다. 선거란 구직 지원자들 사이에서 결정을 내리는 일이다. 우리에겐 문제를 해결해줄 슈퍼영웅이 필요하지 않다. 우리에겐 자격 있고 경험 많은 관리자가 필요하다. 그 관리자는 우리의 공통된 비전을 믿어주고, 우리가 협력해서 만든 장·단기 목표를 존중해주면 된다.

마지막으로, 행복하지 않은 일은 거부하자. 우리가 행복하지 않다는 것을 남들에게 이해시키려면 우선 불만을 토로해야 한다. 만족스럽지 않은 낡은 습관을 깨뜨리고 새로운 습관을 만들어보자. 남들이 만들어놓은 시민적 참여의 리듬에 우리를 맞추지 말자. 수세기 동안 존재해온 문제들에 대해 해결책을 요구하면서 후보자에게 단 60초의 답변 시간만 허용하는 TV 토론은 꺼버려라. 만족스럽지 못한 형식은 거부하라. 후보를 승자와 패자로 나누는 시민 대화에는 귀를 닫아라. 의미 있는 대화가 핵심이 되는 환경을 만들고, 우리 자신이나 어린이들, 혹은 주변 사람들이 경쟁적이지 않은 태도로 이야기하도록 가르치자. 대화의 기법을 탐구하면서, 합의를 이끌어낸 대화 실행에는 보상을 주고 승자와 패자를 선출하는 숙의 과정에는 관심을 돌리자. 민주주의는 권투 시합이 아니다. 승자도, 패자도 없다. 합의가 있을 뿐이고 이것이 민주주의를 이끈다. 우리를 위해 혹은 우리에 의해 만들어지지 않은 시민적 선택 메뉴에서 주문하고 소비하는 것을 거부하라. 거짓 탐지 능력을 키워라. 자신의 거짓 탐지 능력이 수준 이하라면 잘못된 정보를 샅샅이 뒤지는 데 로봇이 도와준다 한들 어찌 믿을 수 있겠는가? 세계 각지의 사람들이여, 기술을 활용하여 연결하고, 자신을 표현하며, 남의 말을 들어라. 그렇다, 당신도 의견을 표현할 권리가 있다. 그런데 당신, 권리를 누리고 있는가? 낡은 패턴을 재활용하도록 설계된 기술에 저항하라. 자주, 그리고 지속적으로 그것을 거부하라. 결국에는 메시지가 전달될 것이다. 일상을 관리하면서, 그렇게 일상의 민주주의도 관리하라.

　기술은 우리를 촘촘한 연결망으로 엮어준다. 맞는 얘기다. 하지만 우리를 연결하고, 우리의 정체성을 부여하며, 잠재적으로 우리를 분리시킬 수도 있는 것은 우리의 이야기들이다. 기자들은 우리가 보다 질 좋은 정보에 접근하도록, 또한 이야기 구조가 깨어지지 않고 자극적인 헤드라인에 불과하지 않으며 조각난 이야기도 아닌 그런 온전한 형태의 정보에 평등하게 접근하도록 기술을 사용할 수 있다. 이렇게 하여 우리는 우리의 정체성을 부여하고, 더 가까이 묶어주며, 우리를 분리시키지 않는 이야기들을 전할 수 있다. 그렇게 될 때 훌륭한 시민적 성인이 될 수 있으며, 더 이상 메시아가 필요하지 않게 된다. 마지막으로 끈기와 인내심을 갖도록 하자. 변화에는 시간이 걸리기 때문이다. 의미 있는 혁신을 이끌어내려면 시간이 필요하다. 민주주의 이후에 도달하려면 먼저 민주주의를 통과해야 한다.

민주주의 이후

앞으로 나아가는 모든 운동은 우리가 우리의 공동체적 미래를 위해 내세운 비전에 의해 규정된다. 우리의 미래 예측은 디스토피아와 유토피아로 양분되는 경우가 드물지 않다. 이원론적 사고의 전통에서 나온 이 극적인 담론은 기술을 이해하려 할 때에도 작용하여 그것을 인간의 행복에 전적으로 유해한 것으로 보거나 미래의 생존 능력을 근본적으로 책임질 수 있는 것으로 보기도 한다. 이러한 논의들은 매력적으로 보일 수 있으나, 그 상반된 두 가지를 제대로 구별하지 못하는 저마다의 언어로 마음 속 깊은 공포와 희망을 표출하는 것에 지나지 않는다. 그럼에도 민주주의 다음에 무엇이 올 것인지 상상하고 더 나은 통치 체제를 제시하려면 우선 우리가 지닌 불안감과 열망의 뿌리와 마주하고 이해해야 한다.

민주주의 체제든 아니든 오늘날 사회가 보이는 경향 및 긴장과 관련해 앞서 열 가지 제안을 제시했다. 이 열 가지 제안은 함께 적용되어야만 효과가 나타난다. 부드러우면서도 기능적인 자본주의는 오늘날 사회에서 무너진 신뢰 관계를 재구축하는 데 핵심적이다. 연방처럼 조직된 새로운 미시적 통치 형태는 시민적 미시 생태계를 더욱 풍요롭게 할 뿐 아니라 사회적으로 책임 있는 형태의 자본주의가 성장하는 토대를 마련해준다. 선거 불참을 시민의 의무에 대한 무관심이 아니라 절제된 반응이라 간주한다면, 점점 낮아지는 투표율 속에서 다수결 원칙으로 구성된 정부에 강력한 메시지를 주게 될 것이다. 시민들의 절반 이하가 투표하는 사회에서의 다수표란 사실상 과반수 투표가 아니다. 투표로 구 정부가 물러나고 새 정부가 들어서면서 기후 변화, 보건의료, 안보, 외교, 국제관계, 세계 평화 같은 장기 정책들이 수정 혹은 폐기되는 상황에 환멸을 느낀 유권자들은 새롭게 수립되는 장·단기 계획을 통해 다시 동력을 얻을 수 있다. 현재와 미래의 생활양식 중심으로 만들어지는 새로운 시민적 관습은 유권자들을 자극할 것이고 승자와 패자를 가르는 지긋지긋한 경마식 정치 문화를 종식시킬 것이다. 민주주의에 대한 공동 합의에서는 승자도 패자도 없어야 한다. 미디어와 디지털 문해력은 시민, 정치인, 미디어가 실천을 바탕으로 읽어내도록, 메시지 이면의 본질을 우선시하도록 해야 한다. 미디어 기관이 대기업이기보다 비영리 단체라면 21세기의 우선순위 문제에 보다 잘 어울리는, 부드러우며 사회적 책임을 다하는 자본주의 메커니즘이 가능해질 것이다. 이러한 원칙들의 전제하에 정보계가 구축되면, 우리는 더 잘 연결되고, 더 중시되며, 더 많이 포함될 수 있음을 느낄 것이다. 또한, 중요하게도, 우리에게는 메시아를 잊어버리게 하고 믿음이 가는 -TV의 페르소나가 아닌- 계획을 가진 인물을 선출하는 의사결정 도구가 생기게 될 것이다.

트랜스휴먼 민주주의

이 변화 과정은 느리지만 꾸준히 이어질 것이고 우리에게 낯선 영역으로 들어설 것을 요구한다. 우리에겐 이런 낯선 모험이 필요하다. 왜냐하면 좋든 싫든 우리는 지금 민주주의 이후의 정치적 통치 단계로 진입하고 있기 때문이다. 할 일을 완전히 마무리 짓지 못한 채, 문제를 해결하지 못한 채 그리고 민주주의에 대해 만성적인 오해를 지닌 채 다음 단계로 가는 것이 꼭 비극은 아닐 것이다. 파괴적 영향은 없을 것이다. 우리는 살아남을 것이다. 우리는 어떻게든 늘 살아남는다. 정말 비극적일 수 있는 것은 우리가 인간 종의 진화 단계를 밟아나가면서 훨씬 더 많은 것을 성취할 수 있었음에도 불구하고 고질적인 기술 오용 때문에 결국 우리 스스로를 속박하고 말았다는 점이다.

과거에 하던 일을 개선하기 위해 기술을 활용하는 것은 그저 자연스러운 일이다. 그러나 우리는 이런 마음에조차 저항해야 한다. 왜냐하면 기술, 온갖 다양함을 보여주는 그 기술은 단순히 효율성을 올리는 것 이상으로 훨씬 더 많은 것을 해낼 수 있기 때문이다. 기술은 우리가 반복적 일상을 다시 상상하는 데 도움을 주며, 그에 따라 보다 매력적이고 흥미로우며, 고무적이 되면서, 결국 기술은 이 모든 것이기 때문에 효율적이 되기도 하는 것이다. 예를 들어 월드와이드웹은 신문의 인쇄본을 온라인상에 배포하여 독자를 유인하는 방법으로 개발된 것이 아니다. 인쇄본의 온라인 배포는 인터넷의 잠재력을 과소

평가한다는 측면에서 많은 사람들이 경고를 했던 결정적인 실수였다. 그럼에도 이런 현상이 지배적인 관행이 되면서 사람들이 무료로 온라인 뉴스를 받아보려 하고, 신문사의 수익이 감소했다. 그에 따라 질 좋은 보도를 재정적으로 지원하지 못하게 되고, 거짓 정보나 왜곡된 정보가 판을 치며, 이를 바로잡을 수정 메커니즘이 작동되기 어려운 환경이 만들어지게 되었다. 이와 반대로 월드와이드웹은 신문과 기자가 대중과 연결되는 멋진 기회를 제공했다. 신문의 자금 조달과 운영을 위한 보다 현대적인 방식을 찾아냈으며, 기자들의 진실 발견을 더 용이하게 했고, 이미 망가져가던 대중과의 신뢰 관계를 재건할 수 있게 했다.

정치적 통치의 다음 단계는 어떤 모습일까? 트랜스휴먼이다. 놀라거나 두려워할 필요는 없다. 피할 수 없는 일이다. 오늘날 우리가 사용하는 앱과 인터페이스는 불과 십년 전만 해도 전혀 존재하지 않았다. 이것들은 앞으로 다가올 10년 이내에 센서융합, 양자역학, 나노기술, 현재 인공지능이라 불리는 것의 발전된 형태 등을 최대치로 응용한 장치에 의해 대체될 것이다. AI는 인간이 만든 지능이고 우리가 몸과 마음으로 만드는 다른 지능 형태에 비해 인공성이 더하지도 덜하지도 않다. 이러한 기술들 중 상당수가 우리의 신체를 포함한 우리의 환경에 통합될 능력을 가질 것이다. 이미 통합된 것도 몇 개 있다, 이는 경계심이 아니라 조심스러움으로 맞이해야 할 현상이다. 이러한 기술들은 결국 인간으로서의 우리 능력을 확장시킬 것이기 때문에 의학적 악조건과 싸울 능력을 끌어올리는 의족이나 인공장기 혹은 그 외의 수많은 의료 장비들을 설계할 때와 동일한 원칙 및 관심을 갖고 설계되어야 한다.

몇몇 기술은 눈에 보이지 않을 정도까지 유비쿼터스하게 될 것이라는 점은 우리의 도전적 과제이다. 그 기술은 어디에나 있으면서 동시에 어디에도 없을 것이다. 그것은 우리 환경에 흔적 없이 섞여 들어 눈에 띄지 않게 된다. 그것은 우리의 일상생활을 방해하지는 않겠지만 이를 은밀히 반복, 강화, 향상시킬 것이다. 기술 사용의 위험은 바로 여기 있다. 과거의 습관, 오류, 경향, 긴장을 반복하게 하는 것 말이다. 우리는 과거를 반복하는 미래로부터 빠져나올 길을 고안하고 설계할 능력이 있다. 이를 위해서는 다음 세 가지 핵심 조건에 주의를 기울여야 한다. 지금까지는 아무렇지 않게 넘겨버렸던 것들이다.

첫째, 우리 사회가 데이터의 생성, 기록, 공유에 대한 전례 없는 능력을 가짐에 따라 우리가 생산하는 데이터는 물론 그 데이터가 일상생활에 어떤 의미를 갖는지를 더 잘 알아야 한다. 현재 습관대로라면 우리 사회는 블랙박스 사회, 즉 인간이 생성시켰으나 연산 과정에서 우연히 인간을 생략해버린 알고리즘에 의해 관리되는 사회로 나아가게 될 것이다.[17] 알고리즘 설계에 뿌리박힌 이 아이러니는 알고리즘이 데이터 접근성과 가시성을 높이기 위해 설계되었으나 그렇게 하는 과정에서 데이터 생성의 메커니즘이 감춰진다는 점에서 발생한다. 그 결과 다양한 형태의 디지털 혹은 데이터 식민주의가 활성화되면서 사회 불평등을 강화·재생산하고 있다.[18] 데이터 품질 향상 메커니즘이 부재한 가운데 데이터를 양적으로만 늘리게 되면 우리 사회는 보잘 것 없는 저품질 데이터로 가득 찰 위험에 빠지게 된다. 간단한 비유를 들자면, 데이터가 연료라고 치고, 가공을 거쳐 값싸게 생산된 저품질 연료로 엔진을 오래 돌리는 것을 상상하면 된다. 데이터가 인지적, 지정학적, 문화적 영역을 통제하는 데 사용되고 가진 자와 못 가진 자를 분리하는 새로운 통치 체제를 만들어내면 필연적으로 기술 식민주의가 찾아올 수밖에 없다.[19] 데이터는 사회나 민주주의 혹은 통치 체제를 움직이는 데 늘 핵심 요소일 것이다. 우리에게 필수적인 것은 좋은 품질의 인간적인 데이터를 생산하는 것과 시민들이 자료의 미비점을 쉽게 간파할 수 있을 만큼 충분한 문해력을 갖추는 것이다. 우리 선조들이 시장에서 잘 익은 토마토를 골라냈듯, 건물을 지을 단단한 땅을 찾아냈듯, 토양에 맞는 작물을 선택해냈듯 우리도 데이터 읽기에 능숙해져야 한다.

둘째, 디지털 제국주의는 이미 현실이 되었으므로, 기술을 어떻게 설계할지를 다시 상상할 수 있는 유일한 방법은 디지털 제국주의로부터 물러나서 서구의 영향력을 최소화하는 것이다. 미국과 유럽에 있는 기술 혁신 허브들은 설계, 가격책정, 공급 등의 방법론을 오랫동안 독점해왔다. 이런 관행은 동과 서의 행동 및 사고방식에 큰 격차를 벌리고 경제 제국주의와 부정의(不正義)를 강화하고 있다. 더 중요한 것은 그런 관행들이 기술을 점점 더 경직되고 융통성 없게 만들면서 우리의 설계 생태계를 고립시키고 있다는 점이다. 오늘날의 기술은 강하면서도 온화하고, 부드러우면서도 똑똑하며, 유연하면서도 구체적이어야 하는데도 말이다. 우리 사회가 보다 협력적이고 공동체적이기를 바란다면 협력을 위한 앱 개발 이상의 기술이 필요하며, 그것은 공동체를 전제하며 설계된 기술이어야 한다. 기술이 개인을 부각시키도록 설계된 상황에서 공동체를 생각할 수는 없다. 트위터, 페이스북, 레딧 등의 플랫폼에 공동체성을 강화한다 하더라도 기본적으로 개인을 위한 인프라라는 점은 바뀌지 않는다. 이 사실은 이러한 인터페이스들과 비서구적 맥락에서 만들어진 것들을 비교하면 분명해진다. 디지털 제국주의가 조금만 약했다면 비서구적 설계의 더욱 다양한 모습을 볼 수 있었을 것이다. 지금은 이윤을 내기 위해 비서구적 설계가 서구적 설계와 경쟁해야 하고 그 까닭에 개인주의 문화의 지배적인 요소들을 안고 갈 수밖에 없는 상황이다. 수년 전 나는 '인터넷에 영어를 사용하지 않으면 어떠할까?'라는 제목의 글을 쓴 적이 있다.[20] 공동 저자인 일레인 위엔(Elaine Yuan)과 나는 만약 온라인 환경이 영어와 서구적 사고방식의 논리와 제약으로부터 벗어난다면 어떤 모습일지를 그려보았으며, 동양 문화에 스며들어 있는 강하면서도 온화한 접근법의 몇몇 요소들을 확보하게 되었다. 우리는 영어 미디어를 재생산하면서 스스로 유리하다고 생각한다. 하지만 그렇지 않다. 우리는 선택의 폭을, 설계 아이디어를, 공동체적 미래를 제한하고 있는 것이다.

마지막으로, 기술에 접근하는 우리의 미학은 공생적이어야 한다. 우리가 트랜스휴먼의 상태로 나아가면서 인간의 본질을 훼손하지 않으려면 기술이 감정적이어야 하며, 우리 또한 당연히 그래야만 한다. 우리는 감정을 안은 채, 그것을 활용하여 논리를 향상시켜야 한다. 오랫동안 우리는 이성과 감정, 마음과 정신, 두뇌와 본능의 잘못된 분리를 강요받았다. 마음과 정신처럼 분리가 불가능한 것을 억지로 분리하려 해봤자 아무런 의미가 없다. 둘 다 우리 신체와 연결되어 있으며, 그렇게 연결되어 있는 이유는 함께 작동해야 하기 때문이다. 우리가 인간이 될 수 있는 것은 이성과 감정을 결합해 행동을 끌어내는 능력이 우리에게 있기 때문이다. 그런 능력 덕분에 우리는 더 행복하고 균형을 더 잘 맞출 수 있다. 이런 능력 발휘에 실패할 때마다 우리는 인간이기를 실패하는 것이다. 감각을 완벽하게 다듬는 가운데 감정을 안고 그것을 유용하게 활용하며 논리와 대립되지 않게 해야 한다. 우리는 이러한 감각을 통해 인간이든 아니든 타인 혹은 다른 것들과의 의사소통을 발전시킬 수 있다. 그렇게 함으로써 우리의 존재 감각을 단순히 복제하는 것이 아니라 재상상하고 확장할 수 있는 것이다. 이러한 감각은 인간과 비인간을 통틀어 남들과 의사소통 할 때 기존의 것을 그저 복제하는 것이 아니라, 다시 상상하고 확장하는 방식으로 사용된다. 감각이 존재하는 방식과 위치에 의해 구현되는 트랜스휴먼 민주주의는 지금의 민주주의 이후에 도래할 것이다.

그 다음은 또 무엇일까? μέλλον αόρατον, 즉 '미래는 보이지 않는다'라고 그리스의 황금기인 BC 5세기에 활동한 그리스 수사학자 이소크라테스가 한 말이다. 그는 존경받는 웅변가가 되기를 항상 바랐지만 낮은 목소리와 우물쭈물하는 태도 때문에 진로를 바꿔 가르치는 일에 열정을 쏟았다. 교사로 큰 성공을 거둔 이소크라테스는 최초의 자기 계발 컨설턴트로 불릴 때도 많다. 이런 얘기는 민주주의 이후를 걱정하기에 앞서 일단 자신부터 돌보라는 처방으로 받아들이면 적절할 듯하다.

다음에 무엇이 올지 알 수 있는 방법이 없다. 사람들에게 할 일을 알려주는 대리인 같은 존재도 없다. 민주주의 이후의 단계로 돌파해 나가기 위한 열 가지 제안을 내놓긴 했지만 이건 십계명이 아니다. 트랜스휴먼이 되려면 먼저 인간이 되어야 한다. 현대성을 넘어 진화해 나가려면 우리는 먼저 현대적이어야 한다, 즉 강하면서도 온화해야 하고, 구분이 무색할 만큼 서구적이면서 동시에 동양적이어야 하며, 공동체주의자이면서 동시에 개인의 고유성을 인식해야 하는 것이다. 우리는 이분법을 넘어 진화해야 하고, 장 콕토의 말을 빌리자면, 중심-극단(center extreme)에 존재해야 한다. 미래는 불확실하며, 과거 현재 미래를 잇는 민주주의의 욕망선을 벗어날 길은 없다.

이 책은 대화들을 모아놓은 것이지만, 그 대화들이 나 혼자만의 생각과 취향을 넘어 진화한 것들이다. 나는 경청했고, 민주주의가 개인 안에 있다는 것을 배웠다. 그러므로 개인으로서 우리는 우리 자신의 감각을 믿어야 하고, 시대를 풍미하는 일시적 유행의 먹잇감으로 전락하지 말아야 한다. 아이러니는 우리의 민주적 의도로부터 진실성을 앗아가버렸다. 이것을 되찾으려면 민주주의가 각자 안에, 모두의 안에, 우리의 신체와 마음 안에, 감각 안에 먼저 자리를 잡아야 한다. 토머스 아퀴나스의 유명한 말처럼, 먼저 감각되지 않는 한 어떤 것도 마음에 들어올 수 없다. 그러므로 우리는 감각을 해석하는 법을 배워야 하며, 그렇게 함으로써 감각을 믿고 감각을 활용하여 인간 혹은 비인간과 더불어 앞으로 나아갈 수 있다. 대화가 필요하다. 합의를 찾아가는 데 흥미를 가진 사람들과 논쟁 말고 대화를 하라. 합의에 이르지 못해도 공손한 태도를 유지하는 사람들과도 논쟁 말고 대화를 하라. 우리가 무엇을 해야 할지를 다시 생각할 수 있는 기술을 설계하라. 민주주의는 기술에 대해 뒤늦게 생각난 무엇이 아니라 기술을 주도하는 운전자이다. 우리는 지금까지 민주주의를 경직된 일상으로 만들어왔다. 상상력을 활용하고 직관을 믿으면서 민주주의를 재창조하는 법을 배워야 한다. 그래야 민주주의를 관통해 그 너머로 나아갈 수 있을 것이다.

낡은 관습은 버려라.

항상 기억하라, 동시에 잊는 법을 배워라.

경청하고 대화하라.

위를 바라보고, 거꾸로 생각하고, 앞으로 나아가라.

이 책을 밀쳐놓고 다시 생각하고 다시 상상하라.

주석 및 출처

1장. 만약 이렇다면?

1. Richard Sennett, The Craftsman (New Haven: Yale University Press, 2008).
2. Zizi Papacharissi, Affective Publics: Sentiment, Technology, and Politics (New York: Oxford University Press, 2015).
3. Zizi Papacharissi, "Affective Publics and Structures of Storytelling: Sentiment, Events and Mediality," Information, Communication & Society 19, no. 3 (2016): 307–324.
4. Stephan Coleman, How Voters Feel (Cambridge: Cambridge University Press, 2013).
5. Chantal Mouffe, The Democratic Paradox (London: Verso, 2000); Chantal Mouffe, On the Political (London: Routledge, 2005).
6. Zizi Papacharissi, A Private Sphere: Democracy in a Digital Age (Cambridge, U.K.: Polity, 2010).
7. For a brilliant take on what ensues when one asks what if? rather than what is? see my inspiration Svetlana Boym, The Future of Nostalgia (New York: Basic Books, 2001).
8. 나는 시카고 일리노이 대학에서 IRB 승인을 받았다. 인터뷰 대상자들에게는 연구 설명지가 번역, 제공되었다. 나는 구사 가능한 네 가지 언어를 사용하고 필요한 경우 통역의 도움을 받았다. 익명성이 보장되었고 발언이 인용되는 경우 자료 출처로서 어떻게 불리기를 원하는지 묻고 원하는 가명을 선택할 수 있도록 했다. 일리노이 대학은 최근 나를 '대학 학자'로 선정했다. 영향력 있는 연구물을 낸 학자에게 주어지는 영예로 약 5만 달러의 지원금도 수여되었다. 나는 이 지원금을 프로젝트에 사용했다. 마지막으로 나는 멕시코시티, 베이징, 아테네에서 예비조사를 거쳤고 민주주의에 대한 대화가 충분히 가능하다는 점을 확인했다. 이 프로젝트 각 단계에서 이루어진 모든 인터뷰는 대상자의 허락 하에 녹음, 전사되었다. 매 인터뷰 후 기록도 이루어졌다.
9. Nina Eliasoph, Avoiding Politics: How Americans Produce Apathy in Everyday Life (Cambridge: Cambridge University Press, 1998), 16.
10. Jane J. Mansbridge, Beyond Adversary Democracy (Chicago: University of Chi-cago Press, 1980).
11. Arlie Russell Hochschild, Strangers in Their Own Land: Anger and Mourning on the American Right (New York: New Press, 2016).
12. Katherine J. Cramer, The Politics of Resentment: Rural Consciousness in Wisconsin and the Rise of Scott Walker (Chicago: University of Chicago Press, 2016).
13. Francesca Polletta, Freedom Is an Endless Meeting: Democracy in American Social Movements (Chicago: University of Chicago Press, 2002).
14. Michael Ignatief, The Ordinary Virtues (Cambridge: Harvard University Press, 2017).
15. 예를 들어 다음을 참고할 수 있다. Man in Dark Times (New York: Harcourt

Brace, 1970); Zygmunt Bauman, Liquid Life (Cambridge, U.K.: Polity, 2005); Ulrich Beck, Risk Society: Towards a New Modernity (London: Sage, 1992); Daniel Bell, The Cultural Contradictions of Capitalism (New York: Basic Books, 1976); Daniel Bell, "The Social Framework of the Information Society," in The Microelectronics Revolution, ed. Tom Forester (Cambridge: MIT Press, 1980), 500–549; Robert N. Bellah, Richard Madsen, William M. Sullivan, Ann Swidler, and Steven M. Tipton, Habits of the Heart: Individualism and Commitment in American Life (Berkeley: University of Califor- nia Press, 1996); Bruce Bimber and Richard Davis, Campaigning Online: The In- ternet in U.S. Elections (Oxford: Oxford University Press, 2003); Jay G. Blumler and Michael Gurevitch, "The New Media and Our Political Communication Discontents: Democratizing Cyberspace," Information, Communication & Soci- ety 4, no. 1 (2001): 1–13; Pierre Bourdieu and James S. Coleman, Social Theory for a Changing Society (Boulder, Colo.: Westview, 1991); Joseph N. Cappella and Kathleen Hall Jamieson, "News Frames, Political Cynicism, and Media Cyni- cism," Annals of the American Academy of Political and Social Science 546, no. 1 (1996): 71–84; Joseph N. Cappella and Kathleen Hall Jamieson, Spiral of Cyni- cism: The Press and the Public Good (New York: Oxford University Press, 1997); James Carey, "The Press, Public Opinion, and Public Discourse," in Public Opinion and the Communication of Consent, ed. Theodore L. Glasser and Charles T. Salmon (New York: Guilford, 1995),

373–402; Andrew Chadwick and Philip N. Howard, Handbook of Internet Politics (London: Routledge, 2008); Stephen Coleman, "The Lonely Citizen: Indirect Representation in an Age of Networks," Political Communication 22, no. 2 (2005): 197–214; Peter Dahlgren, "The Internet, Public Spheres, and Political Communication: Dispersion and Deliberation," Political Communication 22, no. 2 (2005): 147–162; Kathryn Dean, Capitalism and Citizenship: The Impossible Partnership (London: Routledge, 2003); James S. Ettema and D. Charles Whitney, Audiencemaking: How the Media Create the Audience (Thousand Oaks, Calif.: Sage, 1994); Anthony Gid- dens, The Consequences of Modernity (Cambridge, U.K.: Polity, 1990); Roderick P. Hart, "Easy Citizenship: Television's Curious Legacy," Annals of the American Academy of Political and Social Science 546, no. 1 (1996): 109–119; John Hartley, Creative Industries (Oxford, U.K.: Blackwell, 2005); Susan Herbst, Numbered Voices: How Opinion Polling Has Shaped American Politics (Chicago: University of Chicago Press, 1995); Ronald Inglehart and Christian Welzel, Modernization, Cultural Change, and Democracy (Cambridge: Cambridge University Press, 2005); Peter Kivisto and Thomas Faist, Citizenship: Discourse, Theory, and Trans- national Prospects (New York: Wiley, 2007); Melvin Kranzberg, "The Informa- tion Age: Evolution or Revolution?" in Information Technologies and Social Transformation, ed. Bruce R. Guile (Washington, D.C.: National Academy Press, 1985), 35–54; Christopher Lasch,

The Culture of Narcissism (New York: Norton, 1979); Carolyn Marvin, When Old Technologies Were New (New York: Oxford University Press, 1988); Toby Miller, Cultural Citizenship: Cosmopolitanism, Consumerism, and Television in a Neoliberal Age (Philadelphia: Temple Uni- versity Press, 2007); Karen Mossberger, Caroline J. Tolbert, and Ramona S. McNeal, Digital Citizenship: The Internet, Society, and Participation (Cambridge: MIT Press, 2007); Mouffe, On the Political; Mouffe, Democratic Paradox.

16. Philip N. Howard, The Digital Origins of Dictatorship and Democracy: Information Technology and Political Islam (New York: Oxford University Press, 2011); Phillip N. Howard and Muzammil M. Hussain, Democracy's Fourth Wave? Dig- ital Media and the Arab Spring (New York: Oxford University Press, 2013).

17. Michael Schudson, "Why Conversation Is Not the Soul of Democracy," Criti- cal Studies in Mass Communication 14, no. 4 (1997): 297–309.

2장. 도망 다니는 민주주의

1. Thomas More, Utopia (1516), in The Essential Thomas More, ed. James J. Greene and John P. Dolan, trans. John P. Dolan (New York: New American Library, 1967).

2. More, Utopia, 48.

3. More, Utopia, 48.

4. Alexis de Tocqueville, Democracy in America, trans. Harvey Mansfield and Delba Winthrop (Chicago: University of Chicago Press, 2000).

5. Jean-Jacques Rousseau, 1750, cited in Michael Schudson, The Good Citizen: A History of American Civic Life (New York: Free Press, 1998), 365.

6. John Dewey, The Public and Its Problems (New York: Holt, 1927), 383; see also Walter Lippmann, Public Opinion (New Brunswick, N.J.: Transaction, 1922); Walter Lippmann, The Phantom Public (New Brunswick, N.J.: Transaction, 1925).

7. Jeffrey C. Alexander, Performance and Power (Cambridge, U.K.: Polity, 2011); Joseph N. Cappella and Kathleen Hall Jamieson, "News Frames, Political Cynicism, and Media Cynicism," Annals of the American Academy of Political and Social Science 546 (1996): 71–85; Joseph N. Cappella and Kathleen Hall Jamie- son, Spiral of Cynicism: The Press and the Public Good (New York: Oxford Uni- versity Press, 1997); Joshua Meyrowitz, No Sense of Place: The Impact of Electronic Media on Social Behavior (New York: Oxford University Press, 1986).

8. Susan Herbst, Numbered Voices: How Opinion Polling Has Shaped American Poli- tics (Chicago: University of Chicago Press, 1993); Susan Herbst, Garrett J. O'Keefe, Robert Y. Shapiro, Mark Lindeman, and Carroll J. Glynn, Public Opinion (Boulder, Colo.: Westview, 2004).

9. David Karpf, The MoveOn Effect: The Unexpected Transformation of American Po- litical Advocacy (New York: Oxford University Press, 2012); David Karpf, Ana- lytic Activism (New York: Oxford University Press, 2016); Daniel Kreiss, Taking Our Country Back: The Crafting

of Networked Politics from Howard Dean to Barack Obama (New York: Oxford University Press, 2012); Kreiss, Prototype Publics (New York: Oxford University Press, 2016).

10. Pablo Boczkowski and Zizi Papacharissi, Trump and the Media (Cambridge: MIT Press, 2018); James Curran, Natalie Fenton, and Des Freedman, Misunderstanding the Internet (London: Routledge, 2012); Zizi Papacharissi, "The Virtual Sphere: The Internet as a Public Sphere," New Media & Society 4, no. 1 (2002): 9–27; Zizi Papacharissi, A Private Sphere: Democracy in a Digital Age (Cambridge, U.K.: Polity, 2010).

11. Svetlana Boym, The Future of Nostalgia (New York: Basic Books, 2001), 354.

12. Hannah Arendt, The Human Condition, 2nd ed. (Chicago: University of Chicago Press, 1958).

13. Hannah Arendt, On Revolution (New York: Penguin, 1963); Cornelius Castoriadis, The Imaginary Institution of Society, trans. Kathleen Blamey (Cambridge: MIT Press, 1987); Cornelius Castoriadis, Figures of the Thinkable, trans. Helen Arnold (Stanford, Calif.: Stanford University Press, 2002); Ernesto Laclau, New Reflections on the Revolution of Our Time (London: Verso, 1991).

14. Herbert Blumer, Symbolic Interactionism (New York: Prentice Hall, 1969); Svet- lana Boym, Another Freedom: The Alternative History of an Idea (Chicago: Uni- versity of Chicago Press, 2010); Ernesto Laclau, On Populist Reason (London: Verso, 2005); Fred Turner, The Democratic Surround (Chicago: University of Chicago, 2013).

15. Nikolai Gogol, The Complete Tales of Nikolai Gogol, trans. Constance Garnett (Chicago: University of Chicago Press, 1985), 123.

16. Craig Calhoun, "Introduction: Habermas and the Public Sphere," in Habermas and the Public Sphere, ed. Craig Calhoun (Cambridge: MIT Press, 1992), 1–48; Schudson, Good Citizen.

17. Stephen Coleman, "The Lonely Citizen: Indirect Representation in an Age of Networks," Political Communication 22, no. 2 (2005): 197–214; Jürgen Haber- mas, The Divided West (Malden, Mass.: Polity, 2004); Chantal Mouffe, The Democratic Paradox (London: Verso, 2000).

18. Herbst, Numbered Voices.

19. James Carey, "The Press, Public Opinion, and Public Discourse," in Public Opinion and the Communication of Consent, ed. Theodore L. Glasser and Charles T. Salmon (New York: Guilford, 1995), 373–402; Roderick P. Hart, "Easy Cit- izenship: Television's Curious Legacy," Annals of the American Academy of Po- litical and Social Science 546 (1994): 109–120; Robert Putnam, "The Strange Disappearance of Civic America," American Prospect 24, no. 1 (1996): 34–48.

20. Cappella and Jamieson, "News Frames"; Cappella and Jamieson, Spiral of Cyn- icism; James Fallows, "Why Americans Hate the Media," Atlantic Monthly 277, no. 2 (February 1996): 45–64; Thomas E. Patterson, Out of Order: An Incisive and Boldly Original Critique of the News Media's Domination of America's Political Process (New York: Knopf, 1993); Patterson, "Bad News, Bad Governance," Annals of the American Academy of Political and Social Science 546 (1996): 97–108.

21. Zizi Papacharissi, "The Virtual Sphere: The Internet as a Public Sphere," New Media & Society 4, no. 1 (2002): 9–27; Papacharissi, Private Sphere.

22. Coleman, "Lonely Citizen"; Schudson, Good Citizen.

23. Coleman, "Lonely Citizen"; Mouffe, Democratic Paradox; Chantal Mouffe, On the Political (London: Routledge, 2005).

24. Phillip N. Howard, New Media Campaigns and the Managed Citizen (New York: Cambridge University Press, 2006); Lawrence Grossberg, Under the Cover of Chaos: Trump and the Battle for the American Right (London: Pluto, 2018); Sam- uel C. Woolley and Philip N. Howard, Computational Propaganda: Political Par- ties, Politicians, and Political Manipulation on Social Media (New York: Oxford University Press, 2018).

25. Herbst, Numbered Voices.

26. Christopher William Anderson, Apostles of Certainty: Data Journalism and the Politics of Doubt (New York: Oxford University Press, 2018); Taina Bucher, If … Then: Algorithmic Power and Politics (New York: Oxford University Press, 2018); David Karpf, Analytic Activism: Digital Listening and the New Political Strategy (New York: Oxford University Press, 2016); Daniel Kreiss, Prototype Politics: Technology-Intensive Campaigning and the Data of Democracy (New York: Oxford University Press, 2016).

27. Cappella and Jamieson, "News Frames"; Cappella and Jamieson, Spiral of Cyn- icism; Fallows, "Why Americans"; Patterson, Out of Order; Patterson, "Bad News."

28. David Buckingham, The Making of Citizens (London: Routledge, 2000).

29. Sheldon Wolin, Fugitive Democracy: And Other Essays (Princeton, N.J.: Prince- ton University Press, 2016), 5.

30. Wolin, Fugitive Democracy, 31.

31. Wolin, Fugitive Democracy, 31.

32. Wolin, Fugitive Democracy, 38.

33. Adam Ferguson, An Essay on the History of Civil Society (1767; repr., New Bruns- wick, N.J.: Transaction, 1980); Wolin, Fugitive Democracy, 31.

34. Bruce Bimber, Information and American Democracy (Cambridge: Cambridge University Press, 2003).

35. Isaiah Berlin, The Crooked Timber of Humanity: Chapters in the History of Ideas, ed. Henry Hardy (London: John Murray, 1990), 13.

36. Elizabeth Anderson, Value in Ethics and Economics (Cambridge: Harvard Uni- versity Press, 1995).

37. Elizabeth Anderson, Private Government: How Employers Rule Our Lives (and Why We Don't Talk About It) (Princeton, N.J.: Princeton University Press, 2017).

38. Nathan Heller, "The Philosopher Redefining Equality," New Yorker, Decem- ber 31, 2018, https://www.newyorker.com/magazine/2019/01/07/the-philoso pher-redefining-equality.

39. Anderson, Value in Ethics.

40. Stephan Coleman, How Voters Feel (Cambridge: Cambridge University Press, 2013).

41. Boym, Future of Nostalgia.

3장. 시민이 된다는 것

1. Aristotle (384–322 BC), The Politics of Aristotle, trans. Benjamin Jowett (Sioux Falls: NuVision, 2004).

2. Thomas H. Marshall, "Citizenship and Social Class," in The Welfare State

Reader, 2nd ed., ed. Christopher Pierson and Francis G. Castles (Cambridge, U.K.: Polity, 2006), 30–39.

3. Derek Heater, A Brief History of Citizenship (New York: NYU Press, 2004); John Schwarzmantel, Citizenship and Identity: Towards a New Republic (London: Routledge, 2003).

4. Zizi Papacharissi, A Private Sphere: Democracy in a Digital Age (Cambridge, U.K.: Polity, 2010).

5. 프레드 터너가 "The Democratic Surround: Multimedia and American Liberalism from World War II to the Psychedelic Sixties (Chicago: University of Chicago Press, 2013)"에서 이 질문을 제기했다. 나는 이 멋진 질문을 반복하고 있을 뿐이다.

6. Jean-Jacques Rousseau, 1750, quoted in Michael Schudson, The Good Citizen: A History of American Civic Life (New York: Free Press, 1998), 365.

7. Alexis de Tocqueville, Democracy in America, trans. Harvey Mansfield and Delba Winthrop (Chicago: University of Chicago Press, 2000).

8. John Dewey, The Public and Its Problems (New York: Holt, 1927).

9. Walter Lippmann, The Phantom Public (New Brunswick, N.J.: Transaction, 1925).

10. Charles Wright Mills, White Collar: The American Middle Classes (New York: Oxford University Press, 1953); Mills, The Power Elite (New York: Oxford University Press, 1956).

11. David Riesman, Nathan Glazer, and Reuel Denney, The Lonely Crowd, abridged and revised ed. (New Haven: Yale University Press, 2001; orig. pub. 1950).

12. Edward R. Murrow, "Radio Television News Director Address," October 15, 1958, Chicago, Illinois.

13. Kenneth Gergen, The Saturated Self: Dilemmas of Identity in Contemporary Life (New York: Basic Books, 1991).

14. Richard Sennett, The Fall of Public Man (New York: Norton, 1976).

15. Sennett, Fall of Public Man, 20.

16. Hannah Arendt, Between Past and Future (New York: Penguin, 1977), 4. I pre- viously discussed this point at greater length in A Private Sphere.

17. Safiya Umoja Noble, Algorithms of Oppression: How Search Engines Reinforce Rac- ism (New York: NYU Press, 2018).

18. Virginia Eubanks, Automating Inequality: How High-Tech Tools Profile, Police, and Punish the Poor (New York: St. Martin's, 2018).

19. Schudson, Good Citizen, 311.

20. Schudson, Good Citizen, 310.

21. Catherine Knight Steel and Jessica Lu, "Defying Death: Black Joy as Resis- tance Online," in A Networked Self and Birth, Life, Death, ed. Zizi Papacharissi (New York: Routledge, 2019), 143–159; André Brock, Distributed Blackness: African American Cybercultures (New York: NYU Press, 2020).

22. Schudson, Good Citizen; Lauren Berlant, "Affect, Noise, Silence, Protest: Ambient Citizenship" (paper presented at the International Communication Association Conference, Chicago, May 2009).

23. Hannah Arendt, The Human Condition, 2nd ed. (Chicago: University of Chicago Press, 1958); Richard Sennett, The Craftsman (New Haven: Yale Univer- sity Press, 2008).

24. Michael Ignatief, The Ordinary Virtues (Cambridge: Harvard University Press, 2017).

25. Marcel Mauss, The Gift, trans. W. D. Halls (London: Routledge, 1990); Richard Sennett, Together (New Haven: Yale University Press, 2012).
26. 이런 실천에 대해서는 내가 다음 두 책에서 집중적으로 다루었다. "Affective Publics: Sentiment, Technology, and Politics (New York: Oxford University Press, 2015); Private Sphere; and Networked Self."
27. Jeffrey C. Alexander, Performance and Power (Cambridge, U.K.: Polity, 2011).
28. Clifford Geertz, Negara (Princeton, N.J.: Princeton University Press, 1980); Erving Goffman, The Presentation of Self in Everyday Life (New York: Doubleday, 1959); Goffman, Behavior in Public Places: Notes on the Social Organization of Gath- erings (New York: Simon and Schuster, 1963); Chantal Mouffe, The Democratic Paradox (London: Verso, 2000); Chantal Mouffe, On the Political (London: Routledge, 2005); Victor W. Turner, Dramas, Fields, and Metaphors: Symbolic Ac- tion in Human Society (Ithaca, N.Y.: Cornell University Press, 1974).
29. Mouffe, Democratic Paradox.
30. Stephen Coleman, "The Lonely Citizen: Indirect Representation in an Age of Networks," Political Communication 22, no. 2 (2005): 197–214.
31. Mouffe, Democratic Paradox, 104, 105.
32. Mouffe, On the Political, 52.
33. Mouffe, On the Political, 20.
34. Kate Crawford, "Can an Algorithm Be Agonistic? Ten Scenes from Life in Calculated Publics," Science, Technology, & Human Values 41, no. 1 (2016): 77–92.

4장. 새로운 무언가를 향해

1. Hannah Arendt, On Revolution (New York: Penguin, 1963).
2. Raymond Williams, The Long Revolution (London: Chatto and Windus, 1961).
3. Cornelius Castoriadis, The Imaginary Institution of Society, trans. Kathleen Blamey (1987; repr., Cambridge: MIT Press, 1998).
4. Victor Turner, The Forest of Symbols: Aspects of Ndembu Ritual (Ithaca, N.Y.: Cornell University Press, 1970); Turner, Dramas, Fields, and Metaphors: Symbolic Action in Human Society (Ithaca, N.Y.: Cornell University Press, 1974).
5. Turner, Forest of Symbols, 97.
6. Turner, Dramas, Fields, and Metaphors, 225.
7. Deen Freelon, Lori Lopez, Meredith D. Clark, and Sarah J. Jackson, "How Black Twitter and Other Social Media Communities Interact with Mainstream News" (Knight Foundation Report, February 27, 2018); Zizi Papacharissi and Meggan T. Trevey, Affective Publics and Windows of Opportunity: Social Movements and the Po- tential for Social Change, ed. Graham Meikle (London: Routledge, 2018), 87–96.
8. Antonio Gramsci, Selections from the Prison Notebooks of Antonio Gramsci (New York: International, 1971).
9. Claude Lévi-Strauss, Introduction to Marcel Mauss (London: Routledge, 1987), 63–64.
10. Ernesto Laclau, Emancipation(s) (London: Verso, 1996).
11. Ernesto Laclau, On Populist Reason (London: Verso, 2005).
12. Thomas Patterson, Out of Order: An

Incisive and Boldly Original Critique of the News Media's Domination of America's Political Process (New York: Knopf, 1993). See also Joseph N. Cappella and Kathleen Hall Jamieson, Spiral of Cynicism: The Press and the Public Good (New York: Oxford University Press, 1997).

13. Melvin Kranzberg, "Technology and History: Kranzberg's Laws," Technology and Culture 27, no. 3 (1986): 544–560.

14. Eric A. Posner and E. Glen Weyl, Radical Markets: Uprooting Capitalism and Democracy for a Just Society (Princeton, N.J.: Princeton University Press, 2018).

5장. 민주주의 이전

1. Andrew Rojecki, America in the Age of Insecurity (Baltimore: Johns Hopkins University Press, 2016).

2. Joseph N. Cappella and Kathleen Hall Jamieson, "News Frames, Political Cyn- icism, and Media Cynicism," Annals of the American Academy of Political and Social Science 546, no. 1 (1996): 71–84; Robert M. Entman, "Framing: Toward Clarifi- cation of a Fractured Paradigm," Journal of Communication 43, no. 4 (1993): 51– 58; Richard Grusin, Premediation: Affect and Mediality After 911 (New York: Palgrave Macmillan, 2010); John Hartley, Communication, Cultural and Media Studies: The Key Concepts (London: Routledge, 2012); Daniel Kahneman, Think- ing, Fast and Slow (New York: Farrar, Straus and Giroux, 2011); Daniel Kahne- man and Amos Tversky, Choices, Values and Frames (New York: Cambridge University Press, 2000); Sharon Meraz and Zizi Papacharissi, "Networked Gatekeeping and Networked Framing on #egypt," International Journal of Press/ Politics 18, no. 2 (2013): 138–166; Eric A. Posner and E. Glen Weyl, Radical Mar- kets: Uprooting Capitalism and Democracy for a Just Society (Princeton, N.J.: Prince- ton University Press, 2018); Sue Robinson, "Searching for My Own Unique Place in the Story: A Comparison of Journalistic and Citizen-Produced Cover- age of Hurricane Katrina's Anniversary," in Journalism and Citizenship: New Agendas in Communication, ed. Zizi Papacharissi (New York: Routledge, 2009), 166–188; Richard Sennett, The Corrosion of Character: The Personal Consequences of Work in the New Capitalism (New York: Norton, 1998); Richard Sennett, Re- spect in a World of Inequality (New York: Norton, 2003); Richard Sennett, The Culture of the New Capitalism (New Haven: Yale University Press, 2006); Joseph E. Stiglitz, The Great Divide: Unequal Societies and What We Can Do About Them (New York: Norton, 2015).

3. 예를 들어 "Posner and Weyl, Radical Markets"를 참고하라.

4. Mike Ananny, "The Whitespace Press: Designing Meaningful Absences into Networked News," in Remaking the News, ed. Pablo J. Boczkowski and C. W. Anderson (Cambridge: MIT Press, 2017), 129–146; Ananny, "Presence of Ab- sence: Exploring the Democratic Significance of Silence," in Digital Technology and Democratic Theory, ed. Helene Landemore, Rob Reich, and Lucy

Bernholz (Chicago: University of Chicago Press, in press).

5. Stephan Coleman, How Voters Feel (Cambridge: Cambridge University Press, 2013).

6. Joshua Meyrowitz, No Sense of Place: The Impact of Electronic Media on Social Be- havior (New York: Oxford University Press, 1986).

7. 나는 "Forget Messiahs" (Social Media+Society 5, no. 3 (2019): 1–3)라는 글에서 보다 직접적인 다른 표현으로 메시아를 잊어버리자는 제안을 한 바 있다.

8. Pablo Boczkowski and Zizi Papacharissi의 책 "Trump and the Media (Cambridge: MIT Press, 2018)"에 이들 자료가 나와 있다.

9. Entman, "Framing," 52.

10. 뉴스 가치의 유형 분류를 자세히 살피려면 Hartley의 "Communication" 166쪽을 참고하라.

11. 이 표현은 Lisa Gitelman에게서 가져와 뉴스 헤드라인에 적용한 것이다. "Gitelman, Always Already New: Media, History, and the Data of Culture" (Cambridge: MIT Press, 2006).10.

12. Meraz and Papacharissi, "Networked Gatekeeping."

13. Grusin, Premediation.

14. Zizi Papacharissi, Affective Publics: Sentiment, Technology, and Politics (New York: Oxford University Press, 2015).

15. 예를 들어 독재 정권들로 민주주의가 위기에 처했을 때 생겨난 미국의 허치슨 위원회, 세계 각지의 비공식 언론 연합을 들 수 있다.

16. James Hamilton, Democracy's Detectives (Cambridge: Harvard University Press, 2016).

17. Frank Pasquale, The Black Box Society: The Secret Algorithms that Control Money and Information (Cambridge: Harvard University Press, 2015).

18. Nick Couldry and Ulises A. Mejias, "Data Colonialism: Rethinking Big Data's Relation to the Contemporary Subject," Television & New Media 20, no. 4 (2019): 336–349.

19. Mirca Madianou, "Technocolonialism: Digital Innovation and Data Practices in the Humanitarian Response to Refugee Crises," Social Media+ Society 5, no. 3 (2019): 1–13.

20. Zizi Papacharissi and Elaine Yuan, "What If the Internet Did Not Speak English? New and Old Language for Studying Newer Media Technologies," in The Long History of New Media, ed. David W. Park, Nicholas W. Jankowski, and Steve Jones (New York: Peter Lang, 2011), 89–108.